法律是如何形成的

党领导立法研究

郭　辉——著

当代中国出版社
Contemporary China Publishing House

图书在版编目(CIP)数据

法律是如何形成的：党领导立法研究 / 郭辉著. --
北京 ：当代中国出版社，2023.8
ISBN 978-7-5154-1277-1

Ⅰ. ①法… Ⅱ. ①郭… Ⅲ. ①立法—研究—中国
Ⅳ. ①D920.0

中国国家版本馆 CIP 数据核字(2023)第 143094 号

出 版 人　王　茵
责任编辑　邓颖君　刘　照
责任校对　贾云华
印刷监制　刘艳平
封面设计　鲁　娟
出版发行　当代中国出版社
地　　址　北京市地安门西大街旌勇里 8 号
网　　址　http://www.ddzg.net
邮政编码　100009
编 辑 部　(010)66572744
市 场 部　(010)66572281　66572157
印　　刷　中国电影出版社印刷厂
开　　本　710 毫米×1000 毫米　1/16
印　　张　11.5 印张　3 插页　155 千字
版　　次　2023 年 8 月第 1 版
印　　次　2023 年 8 月第 1 次印刷
定　　价　68.00 元

序

朱景文

一

郭辉博士的著作《法律是如何形成的:党领导立法研究》一书即将出版,让我作序。郭辉博士博览群书,勤于思考。无论是社会上的热门话题,还是自己钟爱的知识领域,他都能引经据典,有的放矢,做到言之有物、言之有据。

法律是如何形成的,在有着不同文化背景、经济和政治结构的国家和地区是一个具有普遍性的一般命题,如法律的形成都起源于社会生活的需求,这些社会需求都要被人们所感知,这些感知要变成占主导地位的法律意识。恩格斯在《论住宅问题》一文中有一段经典论述:“在社会发展的某个很早的阶段,产生了这样一种需要:把每天重复着的产品生产、分配和交换用一个共同规则约束起来,借以使个人服从生产和交换的共同条件。这个规则首先表现为习惯,不久便成了法律”,[1]这段论述就是

---

〔1〕《马克思恩格斯文集》(第三卷),人民出版社2009年版,第322页。

对法的起源、法的形成过程的一般描述。法的形成有一个过程,它不是一蹴而就的,需要客观需要和主观认知双重因素的共同作用。首先,法的形成来源于社会的客观需要。法不是从天上掉下来的,也不是人头脑中所固有的,不是先验的,而是经验的,法不过是每天重复着的日常生活关系的表现形式。其次,从客观需要转变成反映主体意识的法律,还需要有一个主观认知的过程,有一个从个别人接受到形成社会的主流意见,从而上升为法律的过程。至于怎么形成社会共识,不同性质的社会具有不同的特点。就法律传统而言,习惯法的形成是法的形成的最原始形式,习惯法直接伴随着习惯的形成过程,习惯法不过是把每天重复着的行为通过口耳相传的方式用文字或非文字形式的记载。制定法的形成是从个别性调整发展为规范性调整的过程,在个别问题上的处理方案,经过不断试错,形成一种可以适用于类似情况的具有普遍约束力的规则,从个别上升为一般。普通法的形成建立在判例的基础上,在各地不同情况下出现的处理同一类情况的判决,经过不断总结,形成统一的先例,以后再出现类似的个案按照先例处理。

但习惯法、制定法和判例法的不同特点只是法的形成在形式方面的差别。在实质方面,在阶级社会中,社会共识的形成显然和阶级斗争密切相关。自从人类进入阶级社会以来,社会共识的形成在奴隶社会、封建社会是和"朕即国家""言出法随"相联系的,不管是否有民意基础,"奉天承运,皇帝昭曰"是所谓"社会共识"的最终体现。而进入资本主义社会以来,王权、贵族与第三等级之间的斗争,反对封建专制的斗争都使得多党制、三权鼎立成为西方社会共识形成的社会和政治基础,法治成为凌驾于各个政党、各种政治派别之上的力量。但西方多党制和议会制的模式并不具有普适性。当代中国的社会基础和政治架构完全不同于西方。中国实行的是中国共产党领导的多党合作和政治协商制度,而不是西方的多党制;是人民代表大会制度,而不是西方的三权鼎立制度。中国共产党的领导是中国特色社会主义最本质的特征。研究中国法律是如何形成的,只停留在一般原理层面,是远远不够的；只局限于西方多党制、三权鼎立的模式，是误导。研究必须深入到当代中国的现实中，而中国现实中最大的现实就是党的领导。谈中国立法，绕开或者回避党领导立法这一最根本问题而奢谈其他，就是舍本求末。

二

在宪法法律层面，坚持党的领导地位不动摇，坚持人民民主专政的国体和人民代表大会制度的政体不动摇，是我国从 1949 年的《中国人民政治协商会议共同纲领》（以下简称《共同纲领》），1954 年《宪法》、1975 年《宪法》、1978 年《宪法》，1982 年《宪法》，直到 2018 年《宪法修正案》始终如一坚持的最基本原则，也是在法律如何形成的问题上我国不同于西方的最重要的特征。

1. 坚持中国共产党的领导地位不动摇

1949 年《共同纲领》序言提出："中国人民民主专政是中国工人阶级、农民阶级、小资产阶级、民族资产阶级及其他爱国民主分子的人民民主统一战线的政权，而以工农联盟为基础，以工人阶级为领导。由中国共产党、各民主党派、各人民团体、各地区、人民解放军、各少数民族、国外华侨及其他爱国民主分子的代表们所组成的中国人民政治协商会议，就是人民民主统一战线的组织形式。"这是第一次在国家基本法层面对中国共产党地位的正式表述，虽然没有使用"中国共产党领导"的提法，但是"以工人阶级为领导"的提法无疑与中国共产党章程中所说的中国共产党是中国工人阶级的先锋队的提法相契合的。中国共产党的领导地位是政治协商会议的政治基础，得到所有民主党派和无党派人士的普遍认同。

1954 年《宪法》序言对中国共产党的地位的提法是："中国人民经过一百多年的英勇奋斗，终于在中国共产党领导下，在 1949 年取得了反对帝国主义、封建主义和官僚资本主义的人民革命的伟大胜利，因而结束了长时期被压迫、被奴役的历史,建立了人民民主专政的中华人民共和国。”它阐述了中国民主革命取得伟大胜利的过程,是对在新民主主义革命时期中国共产党领导地位的高度概括。虽然在 1954 年《宪法》的总纲中并没有用明确的语言表明中国共产党的领导地位,但 1954 年《宪法》的基本精神是明确无误的。

1975 年《宪法》和 1978 年《宪法》在序言部分阐述了中国共产党在革命和建设时期的领导地位,与 1954 年《宪法》不同的是,这两部宪法在总纲部分规定了中国共产党的领导地位,在 1975 年和 1978 年《宪法》第 1 章第 2 条规定:“中国共产党是全中国人民的领导核心,工人阶级经过自己的先锋队中国共产党实现对国家的领导。”

1982 年《宪法》继续 1954 年《宪法》的传统做法,在序言中全面阐释了中国共产党在新民主主义革命和社会主义建设时期的领导地位:“中国新民主主义革命的胜利和社会主义事业的成就,都是中国共产党领导中国各族人民,在马克思列宁主义、毛泽东思想的指引下,坚持真理,修正错误,战胜许多艰难险阻而取得的。今后国家的根本任务是集中力量进行社会主义现代化建设。中国各族人民将继续在中国共产党领导下,在马克思列宁主义、毛泽东思想指引下,坚持人民民主专政,坚持社会主义道路,不断完善社会主义的各项制度,发展社会主义民主,健全社会主义法制,自力更生,艰苦奋斗,逐步实现工业、农业、国防和科学技术的现代化,把我国建设成为高度文明、高度民主的社会主义国家。”与 1975 年和 1978 年《宪法》相比,1982 年《宪法》在总纲中没有有关党的领导地位的专门条款。

2018 年《宪法修正案》坚持 1982 年《宪法》的基本精神,在序言中全面阐述了中国共产党在革命、建设、改革时期的领导作用。与 1982 年《宪法》不同的是,在总纲中把“中国共产党领导是中国特色社会主义最本质的特征”,增加到第 1 条第 2 款中,放在“社会主义制度是中华人民共和国的根本制度”和“禁止任何组织或者个人破坏社会主义制度”之间,成为该条款的组成部分。这是党的十八大以来的重要成果,在作为最高法律的宪法层面坚定回答了对党的领导是否具有法律效力的质疑,其规范属性和宪法效力毋庸置疑。

2. 坚持人民民主专政的国体不动摇

国体的表述在《共同纲领》和几部《宪法》中都放在第 1 条,占有最重要的地位。

关于国体的规定第一次出现在 1949 年《共同纲领》第 1 条中,“中华人民共和国为新民主主义即人民民主主义的国家,实行工人阶级领导的、以工农联盟为基础的、团结各民主阶级和国内各民族的人民民主专政”。

1954 年《宪法》第 1 条对国体的表述是:“中华人民共和国是工人阶级领导的、以工农联盟为基础的人民民主国家。”这里虽然没有使用“专政”二字,但在序言中肯定 1949 年“建立了人民民主专政的中华人民共和国”。所以,这里没有“专政”二字,绝不意味着中华人民共和国国体的性质发生改变,放弃专政。

1975 年和 1978 年《宪法》第 1 条对国体的表述是:“中华人民共和国是工人阶级领导的以工农联盟为基础的无产阶级专政的社会主义国家。”这里用的是“无产阶级专政”,而不是“人民民主专政”。人们曾对此提出疑问:作为国体的无产阶级专政与人民民主专政有何区别?

1982 年《宪法》有关国体的规定同样出现在第 1 条:“中华人民共和国是工人阶级领导的、以工农联盟为基础的人民民主专政的社会主义国家。社会主义制度是中华人民共和国的根本制度。禁止任何组织或者个人破坏社会主义制度。”

值得注意的是,1982 年《宪法》恢复《共同纲领》和 1954 年《宪法》“人民民主专政”的提法。并对作为国体的人民民主专政和无产阶级专政的关系在序言中做了特别的解释:“工人阶级领导的、以工农联盟为基础的人民民主专政,实质上即无产阶级专政。”

2018 年《宪法修正案》对国体条款又进行了新的修订,《宪法》(2018 年修正)第 1 条修改为:“中华人民共和国是工人阶级领导的、以工农联盟为基础的人民民主专政的社会主义国家。社会主义制度是中华人民共和国的根本制度。中国共产党领导是中国特色社会主义最本质的特征。禁止任何组织或者个人破坏社会主义制度。”

这一修改具有重要意义,把中国共产党领导放到国体条款中,也就是说中国共产党领导是人民民主专政国体的最主要内容。要做到坚持人民民主专政的国体不动摇,就必须坚持中国共产党领导地位不动摇。

3. 坚持人民代表大会制度的政体不动摇

1949 年《共同纲领》对政体的表述放在第 12 条“中华人民共和国的国家政权属于人民。人民行使国家政权的机关为各级人民代表大会和各级人民政府……”。

由于当时人民代表大会还没有召开,所以第 13 条又作出规定:“……在普选的全国人民代表大会召开以前,由中国人民政治协商会议的全体会议执行全国人民代表大会的职权……”另外,在《共同纲领》中,各级人民代表大会和各级人民政府都属于人民行使国家政权的机关。这和现行宪法有关政体的规定不同。

1954 年《宪法》关于政体的规定放在第 2 条:“中华人民共和国的一切权力属于人民。人民行使权力的机关是全国人民代表大会和地方各级人民代表大会。”它以非常明确的语言把人民代表大会制度确定为我国的政体,而把地方各级人民政府、人民法院、人民检察院规定为国家的行政机关、审判机关、检察机关,由同级人民代表大会选举产生,对同级人民代表大会负责,受同级人民代表大会监督。

1975 年《宪法》第 3 条规定:“中华人民共和国的一切权力属于人民。人民行使权力的机关,是以工农兵代表为主体的各级人民代表大会。”1975 年《宪法》关于政体的表述加上“以工农兵代表为主体”的各级人民代表大会,反映了“文化大革命”对我国宪法法律的影响。但即便在那种情况下，我国政体并没有变，人民代表大会制度是我国的政体。“文化大革命”期间曾经有人主张革命委员会代替人民代表大会制度，立即就被毛主席否定了。

1978 年《宪法》第 3 条规定：“中华人民共和国的一切权力属于人民。人民行使国家权力的机关，是全国人民代表大会和地方各级人民代表大会。”值得注意的是，1978《宪法》是粉碎“四人帮”以后的产物，虽然没有实现彻底的拨乱反正，但删除了 1975 年《宪法》关于“以工农兵代表为主体”的提法，恢复到 1954 年《宪法》的提法，而且这一提法在以后几次宪法的修改中始终没变。

1982 年《宪法》第 2 条规定：“中华人民共和国的一切权力属于人民。人民行使国家权力的机关是全国人民代表大会和地方各级人民代表大会。人民依照法律规定，通过各种途径和形式，管理国家事务，管理经济和文化事业，管理社会事务。”

2018 年《宪法修正案》对该条没有任何修改。

综上所述，党的领导地位、人民民主专政的国体、人民代表大会制度的政体在革命、建设和改革时期由于形势的变迁和战略、策略的考量有不同的宪法表述。党的领导有时表现在宪法序言中，有时表现在宪法正文中，有时作为单独的条款，有时作为国体的主要内容；国体有时表述为人民民主专政，有时表述为无产阶级专政；政体起初表述为人民代表大会和人民政权机关，后来则表述为人民代表大会制度。无论表述如何，其基本精神始终没有变，是宪法的核心，是指导中国社会主义制度的最重要的宪法原则、法律原则。当然，不能把政治与法律混为一谈，不是一切政治原则都通过法律表现出来，但不能以此为借口把政治和法律割裂，法律是一种政治措施，是对政治的确认和保障。坚持宪法确定的党的领导地位不动摇，坚持宪法确定的人民民主专政的国体和人民代表大会制度的政体不动摇，是宪法的根基。中国法律不是按照西方模式，而是按照自己逻辑形成的最重要特点就在于此。

三

坚持党的领导,坚持党对政法工作、立法的领导,是中国共产党几代领导人始终坚持的基本原则,是中国特色社会主义法治道路的核心,也是中国特色社会主义法治理论的核心。从毛泽东时代的党政军民学,东西南北中,党是领导一切的,到党的十九大把这一重大政治原则写入修改后的党章、党的二十大提出“坚持宪法确定的中国共产党的领导地位不动摇”,充分说明了党的领导对中国社会主义事业,对中国特色社会主义法治建设的意义。

在《论联合政府》中,毛泽东指出:“没有中国共产党的努力,没有中国共产党人做中国人民的中流砥柱,中国的独立和解放是不可能的,中国的工业化和农业近代化也是不可能的。”[1] 1962 年 1 月 30 日,毛泽东在扩大的中央工作会议上强调:“工、农、商、学、兵、政、党这七个方面,党是领导一切的。”[2]所谓“党领导一切”并不等于包揽一切,领导一切,是指大政方针的领导,而不是具体事务上的大包大揽。[3] 毛泽东指出,“党委的领导,是集体领导,不是第一书记个人独断。在党委会内部只应当实行民主集中制”。[4]毛泽东的这个讲话,实际上为既坚持党的领导,又改善党的领导、实行民主集中制指明了政治方向。

在改革开放的历史条件下,邓小平及时提出坚持四项基本原则。在 1979 年 3 月 30 日发表的《坚持四项基本原则》一文中,邓小平提出:“这四项基本原则并不是新的东西,是我们党长期以来所一贯坚持的”“没有中国共产党,就没有社会主义的新中国”,削弱甚至取消党的领导,“只能导致无政

---

〔1〕《毛泽东选集(第三卷)》(第 2 版),人民出版社 1991 年版,第 1098 页。
〔2〕《毛泽东著作选读》(下册),人民出版社 1986 年版,第 832 页。
〔3〕赵刚印:《“党领导一切”是怎么来的》,载《党史文苑》2018 年第 1 期。
〔4〕《毛泽东著作选读》(下册),人民出版社 1986 年版,第 820 页。

府主义,导致社会主义事业的瓦解和覆灭。"[1]"从根本上说,没有党的领导,就没有现代中国的一切。"[2]1993年9月16日,邓小平在同其弟邓垦谈话中回顾了这段历史:"我们在改革开放初期就提出'四个坚持'。没有这'四个坚持',特别是党的领导,什么事情也搞不好,会出问题。出问题就不是小问题。"[3]与此同时,他严厉批评长期存在的权力过分集中、官僚主义、家长制、领导干部终身制、党政不分、以党代政的现象,在《党和国家领导制度的改革》一文中他指出:"坚持四项基本原则的核心,就是坚持党的领导。问题是党要善于领导;要不断地改善领导,才能加强领导。"[4]坚持党的领导,改善党的领导,是党的第二代领导集体在党的领导问题上留下的具有标志意义的结晶,也为法治建设,包括立法、执法、司法、守法领域党的领导体制的改革奠定了思想基础。

如何处理好党政职能分开和发挥党的领导作用的关系,是新时期如何加强党的领导的关键,也是摆在新的党的领导集体面前的重大问题。1989年12月29日在中宣部、中央政策研究室、中组部、中央党校举办的党建理论研讨班上,江泽民强调:"我们党是执政的党,党的领导要通过执政来体现。我们必须强化执政意识,提高执政本领。按照我国宪法的规定,各级政权组织,包括人大、政府和司法机关,都必须接受共产党的领导。凡属方针政策的重大问题,都要经过党委讨论,然后分头执行""政治体制改革要坚定地继续下去。但是,应该明确,这种改革不是要削弱、更不是要取消党的领导,而是要加强和改善党的领导。"[5]2004年9月15日,在首都各界纪念全国人民代表大会成立50周年的大会上的讲话中,胡锦涛指出,"要适应新形势新

[1] 《邓小平文选(第二卷)》(第2版),人民出版社1994年版,第165页、170—171页。
[2] 同上书,第266页。
[3] 中共中央文献研究室编:《邓小平思想年谱》(一九七五—一九七九),中央文献出版社2011年版,第718页。
[4] 《邓小平文选(第二卷)》(第2版),人民出版社1994年版,第342页。
[5] 《江泽民文选》(第一卷),人民出版社2006年版,第92—93页。

任务的要求,不断改革和完善党的领导方式和执政方式”“党关于国家事务的重要主张,属于全国人民代表大会职权范围内的、需要全体人民一体遵行的,要作为建议向全国人民代表大会提出,使之经过法定程序成为国家意志。各级党组织和全体党员都要模范遵守宪法法律。国家政权机关领导人员要经过人民代表大会的法定程序选举和任命,并接受人民代表大会及其常务委员会监督”。[1] 这些讲话是党的领导人在如何坚持党的领导问题上的认真思考。

习近平法治思想把坚持党的领导放在全面依法治国的“十一个坚持”之首。在政治方向层面,全面依法治国决不是要削弱党的领导,而是要加强和改善党的领导。坚持中国特色社会主义法治道路,最根本的是坚持中国共产党的领导。党的领导是党和国家事业不断发展的“定海神针”,是我国社会主义法治之魂,是我国法治同西方资本主义国家法治最大的区别。[2] 在党法关系层面,党的领导和社会主义法治是一致的。一方面,社会主义法治必须坚持党的领导,“党大还是法大”是一个政治陷阱,是一个伪命题,对这个问题,我们不能含糊其辞、语焉不详,要明确予以回答;另一方面,党的领导必须依靠社会主义法治,对于党政机关、各级领导干部来说,权大还是法大则是一个真命题。权力是一把双刃剑,在法治轨道上行使可以造福人民,在法律之外行使则必然祸害国家和人民。[3] 在工作落实层面,要把党的领导贯彻到依法治国的全过程和各方面,坚持党领导立法、保证执法、支持司法、带头守法。[4] 要健全党领导全面依法治国的制度和工作机制,推进党的领导制度化、法治化,通过法治保障党的路线方针政策有效实施。要坚持依

---

〔1〕《胡锦涛文选》(第二卷),人民出版社2016年版,第233页。

〔2〕参见习近平:《坚定不移走中国特色社会主义法治道路,为全面建设社会主义现代化国家提供有力法治保障》,载《求是》2021年第5期。

〔3〕参见习近平:《在省部级主要领导干部学习贯彻党的十八届四中全会精神全面推进依法治国专题研讨班上的讲话》,载中共中央文献研究室编:《习近平关于协调推进“四个全面”战略布局论述摘编》,中央文献出版社2015年版,第114页。

〔4〕参见习近平:《论坚持全面依法治国》,中央文献出版社2020年版,第106—107页。

法治国和依规治党有机统一，确保党既依据宪法法律治国理政，又依据党内法规管党治党、从严治党。

四

党的领导是中国特色社会主义最本质的特征，党对政法工作的领导是中国特色社会主义法治的最重要保障。明确党领导立法对我国的政治意义以后，还必须在理论和实践上解决党领导立法的体制、机制、程序、重点等一系列问题。否则党领导立法就会变成一句空话、套话，根本不可能落到实处。

加强党对立法工作的领导，完善党对立法工作中重大问题决策的程序。凡立法涉及重大体制和重大政策调整的，必须报党中央讨论决定。在宪法法律层面，党中央向全国人大提出宪法修改建议，依照宪法规定的程序进行宪法修改，法律制定和修改的重大问题由全国人大常委会党组向党中央请示报告。

做好党领导立法工作，要坚持主要实行政治领导的原则。党领导立法不是代替立法，不是由党行使有立法权的国家机关的立法权。党领导立法主要集中在把握政治方向上，通过确定立法工作方针、批准立法规划、提出立法工作建议、明确立法工作的重大问题、加强立法工作队伍建设等，把握正确的政治方向。

党领导立法要坚持民主决策集体领导，善于统筹协调不同主张和利益关系，遵循党内重大决策程序规定，集体研究决定立法中的重大问题。要落实党委领导责任，有立法权的地方党委要建立健全立法工作责任制，党委主要负责同志要履行领导立法工作第一责任人职责。要建立健全立法机关党组向党委请示报告制度，立法机关党组要认真履行政治领导责任，在立法工作中发挥好把方向、管大局、保落实的重要作用。

党领导立法必须依靠社会主义法治。要善于把党的主张通过法定程序变为国家意志。要充分发挥立法机关作用,要符合依法执政的要求,正确处理加强党的领导和支持保证立法机关充分行使立法权的关系。除政治方面的立法和重大经济、社会方面的立法外,其他立法由立法机关根据法定权限组织起草审议活动。

要坚持依法依规开展工作。党领导立法工作必须在宪法法律范围内进行,不得随意干预甚至替代立法活动。要做好党领导立法工作程序与立法程序的对接,不允许以党内程序代替立法程序。

目　录

第二编 实 践 篇

第三篇 解 释 篇

前　言

一

“接近正义”[1]一词虽然才出现半个世纪左右，但“接近正义”所包含的问题的存在时间却同人类一样古老。接近正义所要解决的便是让人们都能够在实质上达到权利保护的平等。而只要人与人之间存在某种不平等，只要制定的游戏规则本身的公正性存在问题，只要人与人之间存在着力量的悬殊对比，作为弱者的那部分群体就注定会产生接近正义的问题。换言之，一个社会中只要有弱者存在，接近正义的问题就会出现，就会产生接近正义的问题。接近正义不是要求人与人之间绝对的平等，因为不同的人在心理、生理、智力、身高、体重、性格甚至性取向方面的不平等是消除不了的。接近正义要消除的是制度、特权、违反人性和人格尊严的行为造成的不平等，以及由这种不平等导致弱者在权利救济方面的不平等。

从人性观之，人都有争强好胜之心，但同时，又有某种渴求

---

〔1〕 对接近正义的研究，参见郭辉：《“接近正义”考》，载《澳门法学》2016 年第 3 期。

平等的欲望,有着对弱者抱有某种怜悯、同情、关心、体贴、帮助、支持、援救、拯救、爱怜的本性。对于这种矛盾的统一体,人类最终选择后者作为衡量一个人、一个国家、一个组织、一个政府、一个机构是否文明、进步、获得认可的指标,接近正义就是这种指标的体现。接近正义涉及的范围较大,但核心只有一个,就是弱者如何及时有效地恢复受到侵害的权利,以及防止受到侵害。

从形式上来看,弱者与强者之间越来越趋向平等,甚至有些权利和自由仅仅属于弱者,弱者所享有的各种权利也逐渐成为人类的共识,变成一种普适性的知识,并作为衡量一个国家是否被其他国家或国际社会接纳和承认的前提。从而,与以前相比,社会中的弱者在实现权利或权利的救济方面越来越便捷和有效。从历史发展的脉络来看,伴随着人类文明的发展,越来越多的国家开始朝民主化和法治化的方向努力,实行各种各样的改革,弱者也通过各种形式的"为权利而斗争"享有更多的权利和自由。

法学是关于正义问题的学问,法的重要价值之一是正义。现实生活中存在着不平等,存在着苦难和罪恶,在一定意义上是强者造成的。因此,对接近正义的研究将有利于弱者更好地接近(实现)正义,一旦弱者接近(实现)正义,整个社会可以说就是一个正义的社会。在现实领域,不少国家已经把接近正义作为一种正式的制度来体现对弱者和处于不利地位的人的一种关怀,并在相关实践的基础上,逐步探索并总结出一系列较为成熟的经验和做法。

在一个国家,弱者保护自身权利或者一旦其权利受到侵害时进行救济必须要有法律依据,衡量弱者是否真正享有权利的一个重要标准往往是看在这个国家是否有相关的法律制度,这就是立法。立法,尤其是保护弱者方面的立法往往牵涉方方面面,在途径上,影响立法机关制定保护弱者的法律一般通过两种方式进行。第一种方式是弱者亲自立法。可以想象,如果没有弱者的参与,立法机关所制定的法律一方面可能是为强者服务的,另一方面，即使这种法律用来保护弱者，但在形式方面的正当性总是令人存疑。第二种方式是间接立法，由代理人进行，即参与立法。弱者参与立法也是民主的体现，立法机关只有存在适当比例的弱者代表，才能更好地为此群体的利益提供法律方面的保护。

立法史的发展本身可以看作是弱者逐步参与立法的历史。只有自身成为立法者，并通过特定方式行使立法权，才能更好地洞悉自身的利益，最终能够通过法律这种形式把自身的利益固定下来。在专制制度下，人民（作为弱者的集合）不可能（甚至参与）立法，统治者制定的法律更不可能反映人民的利益。近代以来，民主成为世界主流，人民主权成为政府存在的根基后，立法权便属于人民，立法必须以人民的名义进行。但大多数情况下，尤其在人口众多的国家，从立法的效率和质量尤其是可操作性方面考虑，人民不可能亲自进行立法，必须通过自己的代理人进行，这个代理人就是政党，在我国就是中国共产党。

二

人民不能亲自立法，在理论上必然面临两个问题，一是政党如何领导立法，二是不同类型的政党领导有何区别。第一个问题即本书要研究和追问的问题，这一问题包含着政党领导立法的界定和制度依据在实践中如何呈现，在理论上如何归纳和解释。第二个问题涉及中西政党在领导立法方面的比较。

本书不打算回答第二个问题，之所以不将中国式的立法过程与西方式立法过程中政党作用进行比较，是因为深感单纯进行比较没有意义。一方面“一个国家选择什么样的国家制度和国家治理体系，是由这个国家的历史文化、社会性质、经济发展水平决定的。中国特色社会主义制度和国家治理体系不是从天上掉下来的，而是在中国的社会土壤中生长起来的，是经过革命、建设、改革长期实践形成的,是马克思主义基本原理同中国具体实际相结合的产物,是理论创新、实践创新、制度创新相结合相统一的成果,凝结着党和人民的智慧,具有深刻的历史逻辑、理论逻辑、实践逻辑”。[1]

另一方面,政党领导立法也是法律文化的重要组成部分,对中西法律文化的比较,并不容易。[2] 具体而言,中国和西方不仅仅是一个地理性概念,更是一个文化概念,其内涵随时代不同而发生变化。作为地理意义上的西方,其内部各种板块的存在样态并不同质化。比如,从法系角度,就有大陆法系与英美法系的法文化。在大陆法系内部,存在着德国型与法国型的法文化;在英美法系内部,存在着英国式与美国式的法文化。它们作为不同板块,有机地型构了整体意义上的西方法文化,提取这些不同板块法文化的公因式之后,中西法文化的比较才有可能。

而对于横向比较,要明确比较的意义或目的,由于双方面临的时代背景、需要解决的问题皆有实质不同,比较的意义或目的是存疑的。其次,当前对法文化的研究往往离不开对法治的追求,或者以法治作为对照。一般所言的“法治”,相对于“人治”,包括法律的权威、规制公权、保障人权,强调“良法之治”。该层面上的法治作为一种理想类型可以成立,但在现实中,尚无任何一国完全实现过。号称“法治”的国家,都是将这种类型作为奋斗目标,进行制度设计。鉴于权力滥用、扩张和侵蚀的本性,以及行使权力者人性的自私,对上述目标只能向宗教意义上的彼岸世界进行无限接近。

两者难以比较,还在于:第一,比较何以可能?鸦片战争以前的中国,虽然与西方有一定的接触(如佛教传入中国、郑和下西洋、传教士进入中国等),但一向以“天朝上国”自居,很少进行中西文化层面上的比较,对西方文化要么吸收同化(比如对佛教),要么排斥封锁(比如明清时期的海禁)。鸦

---

〔1〕《习近平著作选读》(第二卷),人民出版社2023年版,第277页。

〔2〕具体的分析,参见郭辉:《中西法文化比较研究的前提反思》,载《中国社会科学报》2020年10月21日,第4版。

片战争后，国人逐渐意识到西方国家的强盛并分析背后的原因。在此过程中，人们对中西文化开始进行对比。梁启超在《五十年中国进化概论》中对此总结为，器物不如人进行洋务运动，制度不如人进行戊戌变法，文化不如人进行新文化运动。梁氏的总结折射出近代国人对西方文化的心态，时至今天，相对于西方，中国的比较法研究应该具有自身的特殊观照，“比较”的正当性需要在快速变化的时代重新奠基。例如，法治发展较为成熟的国家做比较的目的更加侧重于如何改进法治的弊端与不足，其侧重点与我们有所不同。

第二，比较的对象。从历史角度看，当今我国的法文化是多元融合的产物，其来源分别是我国古代的法治文化、革命根据地时期的法治文化、苏联的法治文化、西方的法治文化。那么，要进行中西法文化的比较，是否要消除掉吸收的内容？对于比较对象的性质，不少人往往认为，西方法文化的很多内容皆存于中国古代文献中，可通过“创造性转化”以实现儒家化法治。有学者将这种现象称之为“附会中西”，其目的要么是保守，以反对西方文化；要么是维新，为西学在中国扎根创造条件。[1] 在对文化意义上的法治进行比较研究时，首先，应警惕那种反对法治的保守性比较。其次，要明确“老内圣开不出新外王”[2]。最后，要对无视中国具体国情盲目移植西方法治文化的维新性比较，保持清醒意识。

西方法文化发达的背后，是若干法文化发达国家的存在，这些国家具有共性的同时，也拥有各具特色的个性，它们作为组成部分构筑人类法文化的大厦。具体以一国作为比较对象时，如果该国在地理位置上属于西方，而国力较弱，那么，即使其法治化程度非常高，也很难被视为西方的典型。若一个国家是法治上的大国却是综合国力上的小国，那么与作为综合国力上大

〔1〕 陈旭麓：《近代中国社会的新陈代谢》，中国人民大学出版社2012年版，第383—384页。

〔2〕 朱学勤：《老内圣开不出新外王——从〈政道与治道〉评新儒家之政治哲学》，载《探索与争鸣》1991年第6期。

国的中国相比较，这种比较的可信度亦会打折扣。若一国是法治大国同时综合国力与我国不相上下，亦会存在宗教信仰、人口、种族构成等因素与我国差距甚大，那么，判断这种比较的可信度当更为审慎。

第三，比较的结果。中西法文化的比较结果无非两个。第一是中国对法治发达国家的优秀法治文化吸收、借鉴、移植。可以说，鸦片战争后开启的理念接纳、制度与文化变革，都是这一过程的继续。第二是通过比较可以发现，法治所植根的风土人情、制度状况、人口因素有很大的不同，其决定着法治发展的不同模式。这意味着，只要符合良法之治的那些核心要件或者达到法治的“最大公约数”，那么，任何法治模式的“存在都是合理的”。从而，通过比较，呈现出法治精神的一元与法治模式的多元并存。后一结果引发的积极意义在于，一方面让国人意识到文化尤其是法文化多元平等的现实，在对待不同法文化所持有的平常心、平等心，体现“各美其美，美人之美，美美与共，天下大同”（费孝通语）[1]。另一方面，有利于国人树立法（治）文化自信，由此上升为文化自信，进而增强道路自信、理论自信与制度自信。

中西政党对立法的领导进行比较亦属于不同法文化之间的比较，两者之间比较的难题亦包含在上述分析及结论之中。

三

2011年，全国人大常委会宣布中国特色社会主义法律体系已经形成。形成不是终点，我国从此开始进入不断完善以宪法为核心的中国特色社会主义法律体系的时代。在立法程序上，自2000年《立法法》制定后，先后经过2015年和2023年的修订，立法程序不断规范化、制度化。实践的不断发展并取得的成就，需要理论上的积极回应。我国立法学的研究历程表明，在

〔1〕 费宗惠、张荣华编：《费孝通论文化自觉》，内蒙古人民出版社2009年版，第262页。

研究成果越来越丰富的同时,也存在数量的同质化和质量有待提升的问题。在党领导立法领域,既有成果与立法实践并不匹配。比如党领导立法中的党是什么,党如何领导立法,通过何种方式和途径领导,具体的程序有哪些,规范依据是什么,如何在理论上对这种情况进行解释?这些都需要从学理上予以回应。正如爱德华·W.萨义德所言,"作为生活在历史中的人,我们认识我们所创造的东西,或者毋宁说,所谓认识就是去认识一个东西是怎么创造出来的。"[1]

具体而言,"党领导立法"的概念,在党的十八大以后由习近平总书记提出,对该概念进行界定具有学术价值和现实意义。目前学界关于党领导立法的研究多具有宏观性、体系性,对核心概念或微观性、个案性研究尚待加强。

"党领导立法"既是一个实践命题,同时也是一个重要的理论命题。根据习近平总书记关于党法关系的论述,对"党领导立法"可从三个层面进行界定:第一个层面,总书记指出,将党视为一个"执政整体而言","任何人、任何组织不能以党自居",党大还是法大是伪问题。[2] 据此,可将"党领导立法"中"党"和"法"皆视为整体意义上的"党"和"法"。第二个层面,总书记针对前述继续指出,"我们有些事情要提交党委把握,但这种把握不是私情插手,不是包庇性的插手,而是一种政治性、职责性、程序性的把握"。[3] 这里的"政治性、职责性、程序性的把握",在立法实践中,可理解为对立法的"领导",可从领导原则、领导方式、领导对象、领导效果和法的制定阶段来进行理解。党领导立法与人大主导立法,与"保证执法""支持司法""带头守法"之间皆有一定的联系和区别。第三个层面,总书记指出,"有些事情要提

---

〔1〕[以色列]爱德华·W.萨义德:《人文主义与民主批评》,朱生坚译,上海三联书店2013年版,第13—14页。

〔2〕中共中央文献研究室编:《习近平关于全面依法治国论述摘编》,中央文献出版社2015年版,第37页。

〔3〕同上书。

交党委把握”，可理解为实践中党委的领导行为，所以才有“权大还是法大则是真问题”[1]。那么，体现在立法领域，根据《宪法》《立法法》等法律关于立法机关的规定，根据党章和相关党内法规关于党组织的规定，可将“党委把握”中的“党委”类型化为三类党组织，即“地方立法中的党组织”“中央立法中的党组织”和中共中央。通过这种解析，在逻辑上明确了“党”“领导”“法”的含义，澄清了实践中党领导立法中对“党”的误解，进一步确认了总书记所强调的，“党大还是法大是伪命题”（即执政党与国法的一致性），“权大还是法大是真命题”（即立法实践中特定党组织行使领导权过程中出现的问题）。

在微观层面，可从历史发展阶段来考察党领导立法的实践。在新民主主义革命时期，在党通过法律和政策维护工人阶级权利方面，中国共产党通过话语表达、法律制定、政策落实等多种方式，在明确工人的各种权利的前提下，根据实际情况进行落实，这可视为中国共产党的初心和使命。另一方面，对这一时期的话语、法律和政策是否规定（或侧重规定某些领域的权利）并实际落实工人的这些权利，以及在此过程中进行必要的限制，必须结合当时的经济、政治、社会背景进行理解。回顾这一时期党关于工人阶级权利保障的历程，对于树立“工人阶级地位和作用不容动摇、不容忽视”的理念具有重要的理论意义和现实意义。

在新中国成立初期，回顾《惩治贪污条例》产生的过程可以发现，该法是中国共产党关于反贪污方面的党规在党的领导下上升为国法的过程，该过程一直处于中国共产党的直接领导之下，是党领导立法的典型体现。党内法规转化为法律的过程显示了党规与国法的一体同源，体现了立法过程中一切从实际出发，在实践中不断总结经验的特点。

在改革开放和社会主义现代化建设时期，彭真领导制定《民法通则》的

---

〔1〕 中共中央文献研究室编：《习近平关于全面依法治国论述摘编》，中央文献出版社2015年版，第37页。

过程中，一方面要“把握三条原则，一要从实际出发，二要充分发扬民主，三要经得起实践检验”；[1]另一方面则通过请示报告制度，使得该法很好地体现了中央文件的精神。

《宪法》的修改则贯穿了社会主义革命和建设时期、改革开放和社会主义现代化建设时期以及中国特色社会主义新时代，中国共产党对修宪的领导主要体现为党和国家领导人和中共中央的作用，尤其是请示报告制度等方面。1954 年《宪法》以来，中国共产党领导的历次修宪表明，党和国家领导人对修宪的启动、个别条文修改、宪法历史、采纳个别意见方面起着重要作用。“中共中央”在修宪的不同阶段所指不同，通过请示报告制度，可以将党的领导与全国人民代表大会的修宪结合起来。在技术方面，党通过人大内设的各类党组织，利用党员的比例优势进行修宪。是否成立修宪小组、宪法修改委员会，以及宪法修改草案是否经党的中央全会通过，从形式正义角度，仍具有重要意义。

四

从学术角度如何看待党领导立法，通过何种术语进行理论解释？这是理论工作者必然要回答的问题。解释党领导立法是指通过学术概念、学术原理、学术话语对我国党领导立法制度、立法实践进行的概括、归纳、总结和提炼。

对此，从不同角度可以凝练为不同的术语。比如，“党总揽全局协调各方的领导核心作用”自然也会体现在党领导立法的过程之中，这里的各方包括立法机关、行政机关、监察机关、司法机关、法学会、法学研究机构、社会团体等。那么，我国党领导立法的机制也可以概括为“中国共产党领导下的立

[1] 《彭真传》编写组编：《彭真传》（第四卷），中央文献出版社 2012 年版，第 1547 页。

法合力论”。这里借鉴了恩格斯的“历史合力论”。恩格斯在谈及历史发展时说,“无论历史的结局如何,人们总是通过每一个人追求他自己的、自觉预期的目的来创造他们的历史,而这许多按不同方向活动的愿望及其对外部世界的各种各样作用的合力,就是历史。”[1]在另一场合,他以平行四边形为例再次表明这一立场,“历史是这样创造的:最终的结果总是从许多单个的意志的相互冲突中产生出来的,而其中每一个意志,又是由于许多特殊的生活条件,才成为它所成为的那样。这样就有无数互相交错的力量,有无数个力的平行四边形,由此就产生出一个合力,即历史结果,而这个结果又可以看作一个作为整体的、不自觉地和不自主地起着作用的力量的产物。但是,各个人的意志……虽然都达不到自己的愿望,而是融合为一个总的平均数,一个总的合力,然而从这一事实中决不应作出结论说,这些意志等于零。相反地,每个意志都对合力有所贡献,因而是包括在这个合力里面的。”[2]恩格斯的“合力论”主要是在“斗争”的意义上,而“中国共产党领导下的立法合力论”是在“合作”意义上使用;恩格斯的“合力论”的结果是一个作为整体的、不自觉地和不自主地起着作用的力量的产物,而“中国共产党领导下的立法合力论”则恰恰相反,是整体的、自觉地和自主地起着作用的力量的产物。这种“立法合力论”也可以解释国外的立法,比如,英美法系的法律被称为“法官法”、大陆法系的法律被称为“法学家法”,按卡内冈的说法,“普通法是由法官创制的,中世纪与现代罗马法(亦可称为西欧的新罗马法)是由法学家创设的,而法国革命时期的法律,则绝大部分出自立法者之手。”[3]但是,这并不意味着,在法的形成过程中,其他主体不起作用,这是比较法的常识。比如,法国民法典的起草过程是在拿破仑主持下,任命四位法律家组成

---

〔1〕《马克思恩格斯选集》(第四卷),人民出版社2012年版,第254页。

〔2〕同上书,第605—606页。

〔3〕[比]R. C. 范·卡内冈:《法官、立法者与法学教授——欧洲法律史篇》,薛张敏敏译,北京大学出版社2006年版,第65页。

委员会起草，枢密院审议、向法国各法院征询意见，最后国会通过。[1]

早在1951年9月23日，董必武在中央人民政府华北事务部召开的华北第一次县长会议上的讲话中就明确指出了我国立法产生的特点，“中央人民政府颁布的法律命令都是党的创意，许多重要的文告都是先由党拟定初稿（不经过党的准备、考虑，是没有的），然后经过政协全国委员会或它的常委会讨论，再提到中央人民政府委员会或政务院讨论通过。在讨论过程中，各方面曾提出了不少很好的意见，补充或修改我党拟定的初稿，使其更加完备。我们中央人民政府决定一切大事，其经过情形都是如此”。[2] 20世纪80年代，在制定《民法通则》过程中形成的立法“三结合”制度，可以说是这种合力的体现，所谓“三结合”是指，“在立法过程中，采取立法工作者、实际工作者与专家三结合制度。”[3]《民法总则》的产生也可以说明这一点，该法首先由中共十八届四中全会提出“编纂民法典”的任务，此后由全国人大法工委牵头成立民法典编纂工作协调小组，该小组包括最高人民法院、最高人民检察院、国务院法制办、中国社科院、中国法学会5家单位参加，在《民法总则》审议过程中，全国人大常委会先后在北京、四川、宁夏、上海召开四次座谈会。最终，经全国人大常委三审，由全国人民代表大会通过。[4]

再比如，可用“党政体制下的双重立法者”对党领导立法实践中全国人大党组织的角色进行解释。中国共产党对全国人大的“嵌入”，使得中国共产党和全国人大组成的双重层级组织既“相依并存”又有着明确分工，从而构建了中国特色的立法体制。在此体制下，全国人大立法过程中的相应党组织充任着重要角色，包括落实党的指示、通过请示报告制度的上传下达、保证人大代表/常委会委员中的党员数量达到一定比例并在表决前对他们

---

〔1〕《拿破仑法典》，李浩培、吴传颐、孙鸣岗译，商务印书馆1979年版，“译者序”，第iii页。

〔2〕董必武文集编辑组编：《董必武政治法律文集》，法律出版社1986年版，第191页。

〔3〕顾昂然：《新中国立法概述》，法律出版社1995年版，第77页。

〔4〕张鸣起：《〈中华人民共和国民法总则〉的制定》，载《中国法学》2017年第2期。

进行动员工作，使得党的意志以党组织为中介上升为国家意志。所谓“双重立法者”，是指全国人大党组织身兼双重身份，既是立法机关，又是党的组成部门，前者显性（直接）影响立法，后者隐性（间接）影响立法。这有利于深化理解立法与政治的关系、全国人大的立法性质以及立法领域内存在的“党政分工”。同时，也可视为在当今世界多元民主背景下政治与立法关系的一个中国模式。

党领导立法这一问题有待学者进行充分挖掘，进而提炼标识性学术概念、学术原理和学术话语，以解释立法的中国经验，验证中国的法治实践，从学术角度回应西方学者对我国立法的误解和误读。

法律的生命力在于实施。党领导立法，离不开保证执法、支持司法和带头守法，从而引导全体人民做社会主义法治的忠实崇尚者、自觉遵守者、坚定捍卫者，努力使尊法学法守法用法在全社会蔚然成风。

第一编　范　畴　篇

第一章 我国宪法序言和法律中的“中国共产党领导”

一、问题的提出

为撰写1982年宪法序言，彭真先后写了10稿。[1] 他为何如此看重序言的撰写？

1981年7月邓小平让彭真主持修宪工作伊始，便确定了四点修宪的指导思想，“第一，要把四个坚持写进宪法；第二，规定工人阶级领导的、以工农联盟为基础的人民民主专政；第三，规定民主集中制；第四，规定民族区域自治”。[2]

现在看来，最不容易写的就是第一点（“四个坚持”，尤其是“中国共产党领导”）。如果回溯至那个年代，尽管拨乱反正，但

---

〔1〕《彭真对现行宪法的贡献——访人民大学教授许崇德》，载李海文、王燕玲编著：《世纪对话——忆新中国法制奠基人彭真》，群众出版社2002年版，第140页。

〔2〕王汉斌：《王汉斌访谈录——亲历新时期社会主义民主法制建设》，中国民主法制出版社2012年版，第55页；彭真：《认真组织全国各族人民讨论宪法修改草案》，载《论新时期的社会主义民主与法制建设》，中央文献出版社1989年版，第116页。

不论是质还是量,起码至1982年为止,并不彻底。更为重要的是,“四个坚持”的政治意识形态特点如何与宪法的法律性融为一体,对当时的立法技术不啻是一巨大挑战。因为将浓厚的意识形态内容写进宪法条文,涉及可操作性、解释的边界、具体化为部门法等诸多问题。

如果对比几部宪法(《共同纲领》曾起临时宪法作用,故以下皆以宪法统称)中的序言,会发现均出现了“中国共产党”,只是表述稍有区别(见表1-1)。

表1-1 宪法序言中的“中国共产党”

名称	序言中有关“中国共产党”的规定
《共同纲领》	中国人民民主专政是中国工人阶级、农民阶级、小资产阶级、民族资产阶级及其他爱国民主分子的人民民主统一战线的政权,而以工农联盟为基础,以工人阶级为领导。由中国共产党、各民主党派、各人民团体、各地区、人民解放军、各少数民族、国外华侨及其他爱国民主分子的代表们所组成的中国人民政治协商会议,就是人民民主统一战线的组织形式
1954年《宪法》	中国人民经过一百多年的英勇奋斗,终于在中国共产党领导下,在1949年取得了反对帝国主义、封建主义和官僚资本主义的人民革命的伟大胜利,因而结束了长时期被压迫、被奴役的历史,建立了人民民主专政的中华人民共和国。(第一段) 我国人民在建立中华人民共和国的伟大斗争中已经结成以中国共产党为领导的各民主阶级、各民主党派、各人民团体的广泛的人民民主统一战线。(第四段)
1975年《宪法》	中华人民共和国的成立,标志着中国人民经过一百多年的英勇奋斗,终于在中国共产党领导下,用人民革命战争推翻了帝国主义、封建主义和官僚资本主义的反动统治,取得了新民主主义革命的伟大胜利,开始了社会主义革命和无产阶级专政的新的历史阶段。(第一段) 二十多年来,我国各族人民在中国共产党领导下,乘胜前进,取得了社会主义革命和社会主义建设的伟大胜利,取得了无产阶级文化大革命的伟大胜利,巩固和加强了无产阶级专政。(第二段) 我们必须坚持中国共产党在整个社会主义历史阶段的基本路线和政策,坚持无产阶级专政下的继续革命,使我们伟大的祖国永远沿着马克思主义、列宁主义、毛泽东思想指引的道路前进。(第四段) 我国人民有充分的信心,在中国共产党领导下,战胜国内外敌人,克服一切困难,把我国建设成为强大的无产阶级专政的社会主义国家,对于人类作出较大的贡献。(第七段)

续表

名称	序言中有关“中国共产党”的规定
1978 年《宪法》	中国人民经过一百多年的英勇奋斗，终于在伟大领袖和导师毛泽东主席为首的中国共产党的领导下，用人民革命战争推翻了帝国主义、封建主义和官僚资本主义的反动统治，取得了新民主主义革命的彻底胜利，在 1949 年建立了中华人民共和国。（第一段） 中华人民共和国的成立，标志着我国社会主义历史阶段的开始。建国以后，在毛主席和中国共产党领导下，我国各族人民在政治、经济、文化、军事、外交各条战线贯彻执行毛主席的无产阶级革命路线，经过反对国内外敌人的反复斗争，经过无产阶级文化大革命，取得了社会主义革命和社会主义建设的伟大胜利。我国的无产阶级专政得到了巩固和加强。我国已经成为初步繁荣昌盛的社会主义国家。（第二段） 第一次无产阶级文化大革命的胜利结束，使我国社会主义革命和社会主义建设进入了新的发展时期。根据中国共产党在整个社会主义历史阶段的基本路线，全国人民在新时期的总任务是：坚持无产阶级专政下的继续革命，开展阶级斗争、生产斗争和科学实验三大革命运动，在本世纪内把我国建设成为农业、工业、国防和科学技术现代化的伟大的社会主义强国。（第四段）
1982 年《宪法》（2004 年修正）	一九四九年，以毛泽东主席为领袖的中国共产党领导中国各族人民，在经历了长期的艰难曲折的武装斗争和其他形式的斗争以后，终于推翻了帝国主义、封建主义和官僚资本主义的统治，取得了新民主主义革命的伟大胜利，建立了中华人民共和国。（第五段） 中国新民主主义革命的胜利和社会主义事业的成就，是中国共产党领导中国各族人民，在马克思列宁主义、毛泽东思想的指引下，坚持真理，修正错误，战胜许多艰难险阻而取得的。（第七段） 中国各族人民将继续在中国共产党领导下，在马克思列宁主义、毛泽东思想、邓小平理论、“三个代表”重要思想、科学发展观、习近平新时代中国特色社会主义思想指引下，坚持人民民主专政，坚持社会主义道路，坚持改革开放，不断完善社会主义的各项制度，发展社会主义市场经济，发展社会主义民主，健全社会主义法治，贯彻新发展理念，自力更生，艰苦奋斗，逐步实现工业、农业、国防和科学技术的现代化，推动物质文明、政治文明、精神文明、社会文明、生态文明协调发展，把我国建设成为富强民主文明和谐美丽的社会主义现代化强国，实现中华民族伟大复兴。（第七段） 社会主义的建设事业必须依靠工人、农民和知识分子，团结一切可以团结的力量。在长期的革命、建设、改革过程中，已经结成由中国共产党领导的，有各民主党派和各人民团体参加的，包括全体社会主义劳动者、社会主义事业的建设者、拥护社会主义的爱国者、拥护祖国统一和致力于中华民族伟大复兴的爱国者的广泛的爱国统一战线，这个统一战线将继续巩固和发展。（第十段） 中国共产党领导的多党合作和政治协商制度将长期存在和发展。（第十段）

通过表 1－1 所示,《共同纲领》在统一战线方面提及“中国共产党”,与其他主体是并列关系,其他几部宪法均规定了“中国共产党领导”。从频率上,“中国共产党领导”在《共同纲领》序言中出现 0 次,1954 年《宪法》序言中出现 2 次,1975 年《宪法》序言中出现 3 次,1978 年《宪法》序言中出现 2 次,1982 年《宪法》(2018 年修正)序言中出现 5 次(见表 1－2)。

表 1－2 宪法序言中“中国共产党领导”出现的频率

名称	“中国共产党领导”出现频率
《共同纲领》	0 次
1954 年《宪法》	2 次
1975 年《宪法》	3 次
1978 年《宪法》	2 次
1982 年《宪法》(2018 年修正)	5 次

1949 年 9 月,全国尚未完全解放,战争没有最终结束,“中国共产党”在《共同纲领》序言仅出现 1 次,仅与统一战线有关,并且没有出现“领导”。到了 1954 年,中国大陆实现全部解放,抗美援朝、土改、镇反、三反五反结束,中国共产党实际上完全掌握实权、政治上完全主动,加上斯大林的建议,[1] 1954 年《宪法》序言明确了“中国共产党领导”,并延续至后几部宪法。尤其是 1982 年《宪法》(2004 年修正)序言中出现的次数最多。当然,如果算上条文的话,要数 1975 年《宪法》和 1978 年《宪法》。但这两部宪法是特定时代的产物,具有高度的政治性、浓厚的意识形态性,这注定了她们的“短寿”。

对于宪法中的“中国共产党领导”,学界尤其是宪法学界的研究较多,有的侧重历史角度分析这一规定的产生过程,[2] 有的从法治语境、历史语境和

[1] 韩大元:《1954 年宪法制定过程》,法律出版社 2014 年版,第 63—64 页。

[2] 例如刘松山:《党的领导写入 1982 年宪法的历史回顾与新期待》,载《河南财经政法大学学报》2014 年第 3 期;杨景宇:《回顾彭真与 1982 年宪法的诞生》,载《党的文献》2015 年第 5 期;高锴:《关于党的领导:1982 年宪法的重要修正》,载《炎黄春秋》2011 年第 8 期。

现实语境角度进行解析,[1]有的通过“领导”与“执政”对比基础上进行分析。[2] 可以说,这些视角对于我们了解“中国共产党”在宪法中的规定以及其准确含义提供了重要信息。本章的目的在于,在这些文献的基础上,力求从规范角度,对1982年《宪法》(2018年修正)序言中“中国共产党领导”的内涵进行规范分析,包括她的特点、效力、内容、对象,并以此为基础,对法律[3]中的“中国共产党领导”进行相应的分析。

二、现行宪法序言中“中国共产党领导”规定的特点

现行《宪法》是1982年12月4日五届全国人大五次会议通过、同日施行,经过1988年、1993年、1999年、2004年和2018年5次修正。1982年《宪法》制定后,“中国共产党领导”出现了4次,1993年《宪法修正案》在第七段末尾增加了1次,共5次,皆在序言之中,2018年宪法修正案在正文中增加了1次,序言中5次不变。

(一)“中国共产党领导”所在句子及段落

鉴于5次《宪法修正案》之后,“中国共产党领导”在序言中的相关内容有了变化。故下述内容以2018年修正案后的内容为据。

第一次:一九四九年,以毛泽东主席为领袖的中国共产党领导中国各族人民,在经历了长期的艰难曲折的武装斗争和其他形式的斗争以后,终于推翻了帝国主义、封建主义和官僚资本主义的统治,取得了新民主主义革命的伟大胜利,建立了中华人民共和国。(第五段)

---

〔1〕 邢斌文:《论中国共产党的宪法形象及其具体化》,载《研究生法学》2016年第1期。

〔2〕 张恒山:《中国共产党的领导与执政辨析》,载《中国社会科学》2004年第1期。该文似乎没有触及宪法序言中的“中国共产党领导”。一旦承认宪法序言具有法律约束力,就意味着“中国共产党领导”所体现的事实关系变成了法律关系,此时对应的则是张的“中国共产党执政”。

〔3〕 此处指狭义上的法律。

第二次：中国新民主主义革命的胜利和社会主义事业的成就，是中国共产党领导中国各族人民，在马克思列宁主义、毛泽东思想的指引下，坚持真理，修正错误，战胜许多艰难险阻而取得的。（第七段）

第三次：中国各族人民将继续在中国共产党领导下，在马克思列宁主义、毛泽东思想、邓小平理论、“三个代表”重要思想、科学发展观、习近平新时代中国特色社会主义思想指引下，坚持人民民主专政，坚持社会主义道路，坚持改革开放，不断完善社会主义的各项制度，发展社会主义市场经济，发展社会主义民主，健全社会主义法治，贯彻新发展理念，自力更生，艰苦奋斗，逐步实现工业、农业、国防和科学技术的现代化，推动物质文明、政治文明、精神文明、社会文明、生态文明协调发展，把我国建设成为富强民主文明和谐美丽的社会主义现代化强国，实现中华民族伟大复兴。（第七段）

第四次：社会主义的建设事业必须依靠工人、农民和知识分子，团结一切可以团结的力量。在长期的革命、建设、改革过程中，已经结成由中国共产党领导的，有各民主党派和各人民团体参加的，包括全体社会主义劳动者、社会主义事业的建设者、拥护社会主义的爱国者、拥护祖国统一和致力于中华民族伟大复兴的爱国者的广泛的爱国统一战线，这个统一战线将继续巩固和发展。（第十段）

第五次：中国共产党领导的多党合作和政治协商制度将长期存在和发展。（第十段）

（二）所在段落的内容

第一次：描述新中国成立的历史。

第二次：总结胜利经验并强调新时期任务。

第三次：总结胜利经验并强调新时期任务。

第四次：统一战线。

第五次：统一战线。

(三)结构分析

领导对象方面有所不同。前三次的领导对象是中国各族人民,第四次的领导对象为爱国统一战线(各民主党派和各人民团体:包括全体社会主义劳动者、社会主义事业的建设者、拥护社会主义的爱国者、拥护祖国统一和致力于中华民族伟大复兴的爱国者),第五次的领导对象为多党合作和政治协商制度。

(四)何种情况下出现“中国共产党领导”

《宪法》序言中5次出现的情况分别如下:

第一次:描述新中国成立的事实,描述过程中明确了“中国共产党领导”。

第二次:总结中国新民主主义革命的胜利和社会主义事业的成就经验,明确了“中国共产党领导”。

第三次:为实现新时期的任务,明确了“中国共产党领导”。

第四次:对爱国统一战线形成的事实进行描述,明确了“中国共产党领导”。

第五次:强调“多党合作和政治协商制度”以后的任务,明确了“中国共产党领导”。

尽管彭真认为,“‘四个坚持’不是一种主张,而是历史结论”,[1]但从上文可以看出事实上并不尽然,第一、二、四次主要在描述和总结经验时使用了“中国共产党领导”,从性质上言,都属于完成式,不包括规范性语句。第三、五次属于任务并没有实现,属于未完成式,故使用“将继续……”“将长期……”。其实,如果注意第4次出现的场合,会发现最后一句“这个统一战

---

〔1〕《彭真传》编写组编:《彭真传》(第四卷),中央文献出版社2012年版,第1449页。

线将继续巩固和发展”。因此,第四次的出现,表面上是总结经验,实质上强调的是后面部分。

“将继续”“将长期”这些词语说明“中国共产党领导”是一种状态,是不间断的行为。如果用法理学上法律事实的分类,它属于“连续性作用的法律事实——状态”,而非一次性作用的法律事实。[1]

三、宪法序言中“中国共产党领导”的法律效力分析

对于宪法序言是否有法律约束力,从 20 世纪 80 年代至今,学界一直存有争议,主要有全部有效说、全部无效说、部分有效说。[2] 对此,笔者认为,可以从《宪法》序言最后一段第一句进行分析。该句表述为:“本宪法以法律的形式确认了中国各族人民奋斗的成果,规定了国家的根本制度和根本任务,是国家的根本法,具有最高的法律效力。”

该句共四个分句,前两个分句是对此前序言内容的总结,第三个分句明确了宪法根本大法之性质。该句的第四个分句强调宪法的最高效力,该句主语是“本宪法”,内容上自然包括序言,因此,序言自然具有法律效力。

违反序言的后果如何?其实序言第八段第二句说得已经很明确了,即“中国人民对敌视和破坏我国社会主义制度的国内外的敌对势力和敌对分子,必须进行斗争”。如何斗争?可以用宪法的具体条文,另外,宪法是母

〔1〕 关于该分类,参见朱景文:《法理学》(第三版),中国人民大学出版社 2015 年版,第 312 页。

〔2〕 代表性文献,参见周鹄昌:《宪法序言是有法律效力的》,载《法学》1983 年第 4 期;吴杰:《论宪法序言是宪法的重要组成部分》,载《法学杂志》1990 年第 2 期;谢维雁:《论宪法序言》,载《社会科学研究》2004 年第 5 期;殷啸虎、李莉:《宪法序言的功能与效力研究》,载《上海交通大学学报》(哲学社会科学版)2004 年第 6 期;钱宁峰:《论宪法序言的裁判规范性》,载《金陵法律评论》2008 年第 2 期;黄惟勤:《论我国宪法序言的法律效力》,载《法学杂志》2010 年第 2 期;高锴:《关于党的领导:1982 年宪法的重要修正》,载《炎黄春秋》2011 年第 8 期;陈玉山:《论我国宪法序言中的“根本法”》,载《浙江社会科学》2012 年第 6 期;朱福惠、龚进之:《宪法序言的特殊功能及其法律效力》,载《江苏行政学院学报》2017 年第 1 期;蔡定剑:《宪法精解》(第二版),法律出版社 2006 年版,第 124—125 页。

法，其效力的实现需要一系列子法的规定，以及违宪审查机制、宪法监督主体行为的实施。

另外，第1、2、4次出现的“中国共产党领导”，主要是描述和总结经验，但同样不能否认其法律效力。比如，有人通过行动（如用言语或用出版、示威等行为）说明，中华人民共和国不是“以毛泽东主席为领袖的中国共产党领导中国各族人民”建立，或并没有“经历了长期的艰难曲折的武装斗争和其他形式的斗争以后”而建立，从而引起巨大社会反响、扰乱社会秩序，造成严重后果，此时（请注意前述限定），可以考虑用《治安管理处罚法》相关条款进行行政处罚，必要时可以考虑用《刑法》相关条款进行刑事处罚（如拘役、罚金、缓刑等）。

对于第3、5次出现的“中国共产党领导”，由于它们强调的是状态，也就意味着以最高法的形式确认“中国共产党领导”，换言之，“中国共产党领导”具有宪法的依据。但是，这并非意味着，“中国共产党领导”具有最高的法律权力。因为宪法的根本目的是限制政府权力而保障人权，用梁漱溟的话说，就是“现代宪法最早产生于欧洲，其最初的出发点之一是为了限制王权，换句话说，宪法的产生是为了限制个人太大的权力”〔1〕。这里的“王”“个人”亦可扩大为所有拥有权力的主体。

若用此原理分析，即可明了，“中国共产党领导”为宪法所确认，也即是赋予了这种“领导权”，但这种“领导权”，仅仅是“领导”权，而不是最高权，因为第57条明确了“中华人民共和国全国人民代表大会是最高国家权力机关”。这种领导权的行使范围也不是任意的，因为宪法以根本法的形式对这种“领导权”进行了限制。该限制体现在宪法多个地方，择其要者，如序言的最后一句“全国各族人民、一切国家机关和武装力量、各政党和各社会团体、各企业事业组织，都必须以宪法为根本的活动准则，并且负有维护宪法尊

---

〔1〕 李渊庭、阎秉华编著：《梁漱溟先生年谱》，广西师范大学出版社2003年版，第296页。

严、保证宪法实施的职责”。第1条第2款“禁止任何组织或者个人破坏社会主义制度。”第5条第4款和第5款分别规定了“一切国家机关和武装力量、各政党和各社会团体、各企业事业组织都必须遵守宪法和法律。一切违反宪法和法律的行为,必须予以追究。”“任何组织或者个人都不得有超越宪法和法律的特权”。第9条第2款“国家保障自然资源的合理利用,保护珍贵的动物和植物。禁止任何组织或者个人用任何手段侵占或者破坏自然资源。”第10条第4款“任何组织或者个人不得侵占、买卖或者以其他形式非法转让土地。土地的使用权可以依照法律的规定转让。”第12条第2款“禁止任何组织或者个人用任何手段侵占或者破坏国家的和集体的财产。”第15条第3款“国家依法禁止任何组织或者个人扰乱社会经济秩序。”第37条第2款“任何公民,非经人民检察院批准或者决定或者人民法院决定,并由公安机关执行,不受逮捕”,等等。

这些规定都说明,“中国共产党领导”不是想做什么就做什么,宪法具体条文的规定给这种“领导权”划定了边界。

四、《宪法》序言中“中国共产党领导”的内容

(一)从《宪法》序言进行规范分析的角度

《宪法》序言中共出现了5次“中国共产党领导”,分别如下:

第一次:进行武装斗争、推翻“三大敌人”[1]、建立新中国。

第二次:进行新民主主义革命和社会主义事业。

第三次:接受马克思列宁主义、毛泽东思想、邓小平理论、“三个代表”重要思想、科学发展观、习近平新时代中国特色社会主义思想的指引,坚持人

---

〔1〕《彭真传》编写组编:《彭真年谱:1902—1997》(第五卷),中央文献出版社2012年版,第118页。

民民主专政，坚持社会主义道路，坚持改革开放，不断完善社会主义的各项制度，发展社会主义市场经济，发展社会主义民主，健全社会主义法治，贯彻新发展理念，自力更生，艰苦奋斗，逐步实现工业、农业、国防和科学技术的现代化，推动物质文明、政治文明和精神文明社会文明、生态文明协调发展，把我国建设成为富强民主文明和谐美丽的社会主义现代化强国、实现中华民族伟大复兴。

第四次：结成爱国统一战线，并继续巩固和发展该战线。

第五次：长期存在和发展多党合作和政治协商。

逻辑上，第 3、4、5 次皆为第 1、2 次的延续。前两次为完成式，以根本法的形式明确了“没有中国共产党，就没有新中国，只有社会主义才能救中国”[1]。故“指导”的内容以第 3、4、5 次为依据，包括以下几点：

1. “指引”意识形态

意识形态即马克思列宁主义、毛泽东思想、邓小平理论、“三个代表”重要思想。按《现代汉语词典》的解释，“指引”的意思是“指点引导”。[2] 因此，在中国共产党的领导下，此处的指引下并非对人民强制灌输这些意识形态，而是“指点引导”，不具有强制性，类似于行政法上的行政指导。

2. 坚持人民民主专政，坚持社会主义道路，坚持改革开放

联系制定 1982 年《宪法》时，邓小平让彭真主持修宪工作伊始，便确定了四点修宪的指导思想，第一点就是“把四个坚持写进宪法”[3]。可以说，彭真通过对序言的撰写，很好地完成了这一任务。

从字面上分析，“坚持”具有“坚决保持、维护；不改变；坚决继续进行；不

---

[1] 彭真：《关于中华人民共和国宪法修改草案的报告》，载《彭真文选》，人民出版社 1991 年版，第 438 页。

[2] 中国社会科学院语言研究所词典编辑室编：《现代汉语词典》（第 6 版），商务印书馆 2012 年版，第 1676 页。

[3] 王汉斌：《王汉斌访谈录——亲历新时期社会主义民主法制建设》，中国民主法制出版社 2012 年版，第 55 页；又见彭真：《认真组织全国各族人民讨论宪法修改草案》，载彭真：《论新时期的社会主义民主与法制建设》，中央文献出版社 1989 年版，第 116 页。

停止”[1]的意思。可见,与“指引”不同,“坚持”具有祈使性,体现的不是“描述事实”,而是“规定事实”,其所在的句子是“规范性语句”。这样就意味着,“坚决保持”或“不停止”这三个坚持,是中国共产党“领导”的应有内容。包括中国共产党领导在内的“四个坚持”成为宪法的总的指导思想。[2] “四个坚持”中,“核心就是坚持党的领导”。[3]

3. 不断完善社会主义的各项制度

各项制度包括经济制度、政治制度、文化制度。

4. 发展社会主义市场经济

这是对经济制度的进一步明确化。

5. 发展社会主义民主,健全社会主义法制

即扩大民主、健全法制,这是对政治制度的进一步明确化。

6. 自力更生,艰苦奋斗

这是对“中国共产党领导”第一次和第二次出现内容的进一步确认,对其中体现的精神地进一步发扬。

7. 逐步实现工业、农业、国防和科学技术的现代化

这是对完善经济制度、政治制度的进一步明确化。

8. 推动物质文明、政治文明和精神文明协调发展

这是对经济制度、政治制度、文化制度完善的进一步明确化。即不能偏于某一制度而忽视其他制度。

9. 把我国建设成为富强、民主、文明、和谐的社会主义国家

这是对经济制度、政治制度、文化制度是否完善的标准。它是对前 8 点的总结,是前 8 点的目标。前 8 点是手段,最终都服务于经济上“富强”、政

---

[1] 中国社会科学院语言研究所词典编辑室编:《现代汉语词典》(第 6 版),商务印书馆 2012 年版,第 628 页。

[2] 《彭真传》编写组编:《彭真年谱:1902—1997》(第五卷),中央文献出版社 2012 年版,第 116、123、124 页。

[3] 彭真:《在五大城市治安座谈会上的讲话》,载《彭真文选》,人民出版社 1991 年版,第 416 页。

治上“民主”、文化上“文明”，以及三者间的“和谐”。

10. 继续巩固和发展爱国统一战线

这一点意味着爱国统一战线的主导者是中国共产党，领导的内容就是“继续巩固和发展”该战线。

11. 对多党合作和政治协商制度的长期存在和发展

这一点强调对民主党派的领导，领导的内容是长期存在和发展多党合作和政治协商。

(二)从宪法序言与宪法正文相结合的角度

《宪法》序言 5 次显示“中国共产党领导”，领导的对象包括“中国各族人民”“爱国统一战线”和“多党合作和政治协商制度”。

结合宪法第 1 条第 2 款、第 2 条第 1 款和第 2 款“中华人民共和国的一切权力属于人民。人民行使国家权力的机关是全国人民代表大会和地方各级人民代表大会”，第 3 条第 3 款“国家行政机关、监察机关、审判机关、检察机关都由人民代表大会产生，对它负责，受它监督。”可以看出，第 2 条和第 3 条中的“人民”即序言中的“中国各族人民”。[1] 因此，既然中国共产党领导中国各族人民，自然也包括领导人民行使国家权力的机关以及由该机关所产生的行政机关、审判机关和检察机关。所以“坚持共产党的领导和一切权力属于人民并不矛盾”[2]。

为何这样说？1982 年《宪法》第 93 条规定：“中华人民共和国中央军事委员会领导全国武装力量。”对于该条，有些同志当时不很理解，认为应在条文中明确军队的中国共产党领导。对此，“小平同志认为可以不再写了，因

〔1〕 也有论者认为，中国共产党只能领导“中国各族人民”，而非“人民”，因为后者作为一个主权者的身份是不能被领导的。具体的分析，参见杨陈：《论宪法中的人民概念》，载《政法论坛》2013 年第 3 期。

〔2〕《彭真传》编写组编：《彭真年谱：1902—1997》（第五卷），中央文献出版社 2012 年版，第 155 页。

为宪法序言已经写了党的领导，对军队当然也是适用的。"[1] 1982年11月26日，彭真在五届全国人大五次会议上所作的《关于中华人民共和国宪法修改草案的报告》中再一次确认了邓小平的观点，"《序言》里明确肯定了党在国家生活中的领导作用，当然也包括党对军队的领导。"[2]

因此，《宪法》第三章涉及的国家机关皆受中国共产党领导，包括各级权力机关、国家主席、各级行政机关、军事机关、各级司法机关、各级民族自治地方的自治机关。从而实现"党的执政地位是通过党对国家政权机关的领导来实现的"[3]。如果说，序言指明了中国共产党领导的宏观对象，正文则指明了中国共产党领导的微观运作，即国家权力的运行。

《宪法》第三章规定了各类型国家权力机关对权力的行使，比如权力机关的立法、司法机关的司法、行政机关的执法、民族自治机关的自治等，均受中国共产党的领导。这方面彭真讲得比较明确，"党领导人民制定法律，党也领导人民执行法律。政法机关是专政机关，掌握生杀大权，更要置于各级党委的领导之下。如果不要党的领导，或者自成系统，实行垂直领导，脱离各级党委的领导，不紧紧依靠党的领导，就不可能把工作做好，不可能胜利完成任务。特别是公安工作，什么时候向党委保密、封锁，或者只向党委反映片面情况，脱离党委领导，就要出乱子。"[4]

五、我国法律中的"中国共产党领导"

我国作为成文法国家，宪法的地位和效力位阶最高，为落实宪法，全国

---

〔1〕 王汉斌：《社会主义民主法制文集》（下），中国民主法制出版社2012年版，第382页。

〔2〕 《彭真文选》，人民出版社1991年版，第453页。

〔3〕 江泽民：《坚持和完善人民代表大会制度》，载全国人大常委会办公厅、中共中央文献研究室编：《人民代表大会制度重要文献选编》（一），中国民主法制出版社、中央文献出版社2015年版，第798页。

〔4〕 彭真：《在五大城市治安座谈会上的讲话》，载《彭真文选》，人民出版社1991年版，第416页。

人大制定了一系列的法律，尽管多数法律并没有规定“中国共产党领导”，但并不意味着这些法律的精神不受中国共产党领导，因为所有的法律都可谓中国共产党按照一定的程序体现自己的意志。

（一）法律中规定党的领导的总体情况

通过检索“北大法宝”，以“法律”为范围，搜索关键词“党”，得到现行有效法律 80 篇。在这 80 篇中，去掉“决定”（例如《全国人民代表大会常务委员会关于修改〈中华人民共和国全国人民代表大会和地方各级人民代表大会选举法〉的决定（2020）》）、“决议”（例如《全国人民代表大会常务委员会关于批准〈国务院关于工人退休、退职的暂行办法〉的决议》）以及不符合条件的法律（例如《中华人民共和国集会游行示威法》第 7 条规定“国家机关、政党、社会团体、企业事业组织依照法律、组织章程举行的集会”），同一法律出现多次的算作一部（例如宪法的多次修改），共有 50 部法律。

根据制定年份及数量，2012 年至 2021 年制定的法律数量是 16 部，占 32%。2020 年和 2021 年共制定 11 部，占全部法律的 22%。如果考虑到一些法律中“党的领导”的规定是 2012 年以后经过修法的方式增加（例如 2018 年宪法修正案、2020 年对《档案法》的修改、2019 年对《法官法》和《检察官法》的修改、2018 年对《公务员法》的修改），则这一比例会更高（40%），说明党的十八大以来党的领导入法的趋势（见表 1－3）。

表 1－3　现行有效法律中体现党的领导的法律制定年份及数量表

制定年份	法律数量
1979	2
1980	1
1981	1
1982	2
1984	2

续表

制定年份	法律数量
1987	1
1988	2
1989	1
1990	2
1992	1
1993	2
1994	1
1995	3
1996	1
1997	1
1998	3
2000	1
2002	2
2005	1
2006	1
2007	1
2009	1
2010	1
2014	1
2015	1
2017	1
2018	1
2019	1
2020	5
2021	6

从“党的领导入法趋势图”（见图 1－1）可以看出，随着以宪法为核心的中国特色社会主义法律体系的完善，尤其是新法的制定，党的领导入法的频

率将持续增多。

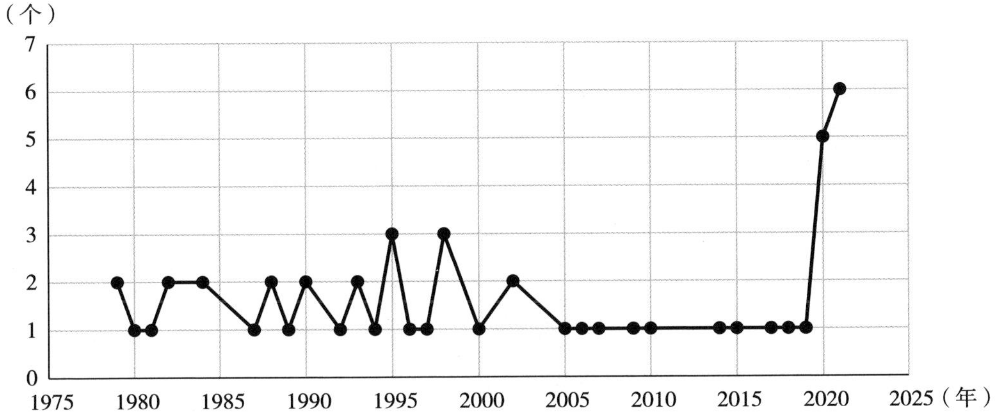

图1－1　党的领导入法趋势图

在调整领域方面,“北大法宝”对法律调整领域不同于全国人大常委会划分的7个法律部门,而是划分为宪法、国家机关、机关工作、法制工作、民族事务、国家安全、公安、民政、民法、反不正当竞争、资源、审计、企业、公司、建设业、劳动工会、人事、教育、科技、军事等20个领域。这些领域中包含党的领导较多的是宪法、机关工作、军事领域,三者占比超过50%,宪法涵盖宪法、国旗国歌国徽、选举、人大议事、人大立法;机关工作涵盖档案、保密、干部与工作人员、监察、机关综合规定;军事包括军事综合规定、兵役规定、军官军衔、军队离退休干部、退伍军人安置、国防。3个领域中党的领导占比说明党的领导对公权力及其工作人员的意义。

在具体的法律位置方面,处于序言部分的是《宪法》《民族区域自治法》,处于“总纲”部分的是《宪法》,《检察官法》《法官法》《现役军官法》在分则“任职部分”,《高等教育法》在领导机制部分,其余皆处于“总则”部分,占比88%。说明党的领导入法主要作为法律原则部分,强调“领导”,“主要是宣示性、原则性或者基础性规定,一般不作具体、详细的规定",[1]而非作为分则部分更具可操作性的规则发挥功能。

(二)法律中规定党的领导的规范分析

本节拟以部分法律为例,对规定党的领导的条文进行规范分析,以进一步理解"中国共产党领导"的规范含义。

1.《高等教育法》

1998 年人大讨论《高等教育法》修改时,尽管对于是否应把"党委领导下的校长负责制"写进去有不同意见,最终还是通过了。[2] 李鹏认为应当写进去,"关于党的领导,法律条文该写就写,不需要写就不写",因为"人大必须贯彻中央意图。如果人大常委会会议一次通过不了,下次再审议通过"[3]。

《高等教育法》第 39 条规定:"国家举办的高等学校实行中国共产党高等学校基层委员会领导下的校长负责制。中国共产党高等学校基层委员会按照中国共产党章程和有关规定,统一领导学校工作,支持校长独立负责地行使职权,其领导职责主要是:执行中国共产党的路线、方针、政策,坚持社会主义办学方向,领导学校的思想政治工作和德育工作,讨论决定学校内部组织机构的设置和内部组织机构负责人的人选,讨论决定学校的改革、发展和基本管理制度等重大事项,保证以培养人才为中心的各项任务的完成。"

从上述规定可以看出,在高等教育领域:

第一,领导主体:中国共产党领导通过中国共产党高等学校基层委员会的领导来体现。

第二,领导内容:政治领导(执行中国共产党的路线、方针、政策,坚持社

[1] 蒋清华:《党的领导法规之概念展开》,载《暨南学报(哲学社会科学版)》2021 年第 12 期。
[2] 李鹏:《立法与监督——李鹏人大日记》,新华出版社、中国民主法制出版社 2006 年版,第 93 页。
[3] 同上书,第 90 页。

会主义办学方向)、思想领导(领导学校的思想政治工作和德育工作)、组织领导(讨论决定学校内部组织机构的设置和内部组织机构负责人的人选,讨论决定学校的改革、发展和基本管理制度等重大事项,保证以培养人才为中心的各项任务的完成)。

第三,领导方式:“执行”(政治领导)、“领导”(思想领导)、“讨论决定”和“保证完成”(组织领导)。

2.《工会法》

《工会法》(2001 年修正)第 4 条第 1 款规定,“工会必须遵守和维护宪法,以宪法为根本的活动准则,以经济建设为中心,坚持社会主义道路、坚持人民民主专政、坚持中国共产党的领导、坚持马克思列宁主义、毛泽东思想、邓小平理论、‘三个代表’重要思想、科学发展观、习近平新时代中国特色社会主义思想,坚持改革开放,保持和增强政治性、先进性、群众性,依照工会章程独立自主地开展工作。”

据《邓小平年谱》记载,1978 年 9 月 30 日,邓小平将中共中华全国总工会党组送审的《中华人民共和国工会法修改草案》第 3 条“中国工会在英明领袖华主席为首的党中央领导下”一语,改为“中国工会在中国共产党领导下”,并注明“根据毛主席的教导,在章程、法律这类性质的档,以不写个人为宜”。之后,华国锋批示,“同意小平同志所提修改意见”。[1]

上述规定涉及工会的基本任务和职能,[2]如果明晓中国工会的历史,自然就会理解该规定。在不同时代、不同背景下工会的性质、职能、自身定位等方面或许会发生变化,但不论如何变化,“工会不可能有独立的路线、方针”[3]。它必须始终保持在中国共产党领导下,为工人的利益服务。

---

〔1〕 中共中央文献研究室编:《邓小平年谱(一九七五—一九九七)》(上),中央文献出版社 2004 年版,第 391—392 页。

〔2〕 对此的一个分析,参见郭辉:《新中国成立初期工会的性质与职能》,载《山东工会论坛》2017 年第 2 期。

〔3〕 中共中央文献研究室编:《邓小平文集(1949—1974)》(下卷),人民出版社 2014 年版,第 6 页。

3.《立法法》

《立法法》第3条规定，“立法应当坚持中国共产党的领导、坚持以马克思列宁主义、毛泽东思想、邓小平理论、‘三个代表’重要思想、科学发展观、习近平新时代中国特色社会主义思想为指导，推进中国特色社会主义法治体系建设，保障在法治轨道上全面建设社会主义现代化国家。”

上述规定涉及中国立法的指导思想。这是中国共产党领导在立法领域的体现。至于如何领导，纵观整部《立法法》条文，并没有非常明确的规定。此时必须结合中国共产党的党内法规和相关规定，典型的如：

(1)1991年《中共中央关于加强对国家立法工作领导的若干意见》和2016年《中共中央关于加强党领导立法工作的意见》，这两个文件是中国共产党领导在立法领域内最为详细的规定。

(2)2005年《中共中央转发〈中共全国人大常委会党组关于进一步发挥全国人大代表作用加强全国人大常委会制度建设的若干意见〉的通知》。该《通知》最后一节提及“全国人大会议的召开，全国人大常委会会议的议程安排，全国人大及其常委会的五年立法规划、准备制定的政治性法律和重大的经济法律，有关法律起草中遇到的重大问题，法律审议中重大的分歧意见，以及监督和决定重大事项、干部任免等工作中的重大问题，由全国人大常委会党组报请党中央决定或者批准后再进入法定程序”。

(3)2011年1月24日，时任全国人大常委会委员长的吴邦国在形成中国特色社会主义法律体系座谈会上的讲话中提出，“对立法中遇到的重点难点问题，向党中央报告”“我们的一切法律法规都是在党的领导下制定的”。[1]

(4)《全国人大常委会2015年立法工作计划》强调，“凡立法涉及重大体制和重大政策调整的，必须报党中央讨论决定。法律制定和修改的重大问题由全国人大常委会党组向党中央报告”。

---

〔1〕 吴邦国：《中国特色社会主义法律体系已经形成》，载《吴邦国论人大工作》(下)，人民出版社2017年版，第554页。

(5)2014年10月23日,中国共产党第十八届中央委员会第四次全体会议审议通过《中共中央关于全面推进依法治国若干重大问题的决定》,在"完善立法体制"方面,该《决定》强调"加强党对立法工作的领导,完善党对立法工作中重大问题决策的程序。凡立法涉及重大体制和重大政策调整的,必须报党中央讨论决定。党中央向全国人大提出宪法修改建议,依照宪法规定的程序进行宪法修改。法律制定和修改的重大问题由全国人大常委会党组向党中央报告"。

另外,从领导人的回忆录、讲话以及我国的立法实践中,不难发现,中国共产党对立法的领导可以用"请示"制度[1]进行解读。

4.《国防法》

《国防法》第21条规定:"中华人民共和国的武装力量受中国共产党领导。武装力量中的中国共产党组织依照中国共产党章程进行活动。"

尽管现行《宪法》第93条规定"中华人民共和国中央军事委员会领导全国武装力量",第94条规定,"中央军事委员会主席对全国人民代表大会和全国人民代表大会常务委员会负责",但按照邓小平的解释,"因为宪法序言已经写了党的领导,对军队当然也是适用的"。[2] 据王汉斌回忆,为避免歧义,"为此党中央专门发了通知明确指出,中央军事委员会既是国家的中央军事委员会,也是党的中央军事委员会,是一套班子,两块牌子。"[3]

因此,不难理解,《国防法》中的"武装力量受中国共产党领导",意味着中国共产党掌握并行使武装力量,即所谓的"党指挥枪"。在此意义上,《国防法》第21条的规定可以看作《宪法》第93条的具体落实。

---

[1] 对该制度的研究,参见郭辉:《立法中的请示制度》,载《中国社会科学报》2016年10月12日。

[2] 王汉斌:《关于宪法的几个问题的报告》,载《社会主义民主法制文集》(下),中国民主法制出版社2012年版,第382页。

[3] 同上。

5.《民族区域自治法》

《民族区域自治法》序言第1句:“中华人民共和国是全国各族人民共同缔造的统一的多民族国家。民族区域自治是中国共产党运用马克思列宁主义解决我国民族问题的基本政策,是国家的一项基本政治制度。”序言第5段规定:“民族自治地方的各族人民和全国人民一道,在中国共产党的领导下,在马克思列宁主义、毛泽东思想、邓小平理论的指引下,坚持人民民主专政,坚持改革开放,沿着建设有中国特色社会主义的道路,集中力量进行社会主义现代化建设,发展社会主义市场经济,加强社会主义民主与法制建设,加强社会主义精神文明建设,加速民族自治地方经济、文化的发展,建设团结、繁荣的民族自治地方,为各民族的共同繁荣,把祖国建设成为富强、民主、文明的社会主义国家而努力奋斗。”

第1句是对民族区域自治的性质进行界定,对“中国共产党”的提及,类似《宪法》序言“中国共产党领导”第一次和第二次出现的那样,是一种描述。第五段中出现的“中国共产党领导”,可谓《宪法》序言第三次出现“中国共产党领导”在民族区域自治领域的再现。“领导”的内容如前所述,具体包括:

(1)“指引”意识形态:马克思列宁主义、毛泽东思想、邓小平理论。

(2)坚持人民民主专政,坚持改革开放,沿着建设有中国特色社会主义的道路,集中力量进行社会主义现代化建设。

(3)不断完善社会主义的各项制度。

(4)发展社会主义市场经济。

(5)加强社会主义民主与法制建设。

(6)加强社会主义精神文明建设。

(7)加速民族自治地方经济、文化的发展,建设团结、繁荣的民族自治地方。

(8)为各民族的共同繁荣,把祖国建设成为富强、民主、文明的社会主义国家。

6.《监督法》

因为争议较大,《监督法》的出台经历了七届、八届、九届、十届人大,[1]可谓历经波(曲)折。该法第3条规定:“各级人民代表大会常务委员会行使监督职权,应当围绕国家工作大局,以经济建设为中心,坚持中国共产党的领导,坚持马克思列宁主义、毛泽东思想、邓小平理论和‘三个代表’重要思想,坚持人民民主专政,坚持社会主义道路,坚持改革开放。”该法出台之前,尽管历经争议,但第3条似乎观点较为一致,毋庸置疑。

监督权是各级人大职权的重要内容,由于各级人大同样受中国共产党领导,自然监督权的行使也不例外。2017年1月10日,中共中央政治局常务委员会全天听取全国人大常委会等国家机关党组工作汇报,[2]也可以理解成是对监督权的领导。

7.《国家安全法》

《国家安全法》第4条规定:“坚持中国共产党对国家安全工作的领导,建立集中统一、高效权威的国家安全领导体制。”第15条规定:“国家坚持中国共产党的领导,维护中国特色社会主义制度,发展社会主义民主政治,健全社会主义法治,强化权力运行制约和监督机制,保障人民当家作主的各项权利。”

根据该法第2条,“国家安全是指国家政权、主权、统一和领土完整、人民福祉、经济社会可持续发展和国家其他重大利益相对处于没有危险和不受内外威胁的状态,以及保障持续安全状态的能力。”可以说,维护国家安全是一个政权(执政党)取得合法性的重要依据,国家安全的实现离不开各种

---

〔1〕七届至九届的具体过程,参见李鹏:《立法与监督——李鹏人大日记》,新华出版社、中国民主法制出版社2006年版,第513—559页。

〔2〕具体内容,参见《中共中央政治局常务委员会召开会议,听取全国人大常委会、国务院、全国政协、最高人民法院、最高人民检察院党组工作汇报,听取中央书记处工作报告》,载人民网。

暴力机关(尤其是军队),结合《国防法》的规定,《国家安全法》第 4 条是应有之义。

8.《村民委员会组织法》

《村民委员会组织法》第 4 条规定:“中国共产党在农村的基层组织,按照中国共产党章程进行工作,发挥领导核心作用,领导和支持村民委员会行使职权;依照宪法和法律,支持和保障村民开展自治活动、直接行使民主权利。”

若比照《高等教育法》可以看出,领导主体皆为相应的党组织,但不同在于领导的内容,《村委会组织法》的“领导内容”与“支持内容”相同,皆为“村民委员会行使职权”“支持和保障村民开展自治活动、直接行使民主权利。”

9.《公务员法》

《公务员法》(2005 年)第 4 条规定:“公务员制度坚持中国共产党,坚持以马克思列宁主义、毛泽东思想、邓小平理论、‘三个代表’重要思想、科学发展观、习近平新时代中国特色社会主义思想为指导,贯彻社会主义初级阶段的基本路线,贯彻新时代中国共产党的组织路线,坚持党管干部原则”。

该法将中国共产党领导细化为“政治领导”(干部路线和方针)和“组织领导”(坚持党管干部)。

10.《现役军官法》

《现役军官法》第 8 条第 1 款规定,“军官必须具备下列基本条件:忠于祖国,忠于中国共产党,有坚定的革命理想、信念,全心全意为人民服务,自觉献身国防事业”。

“忠于”即“忠诚地对待”〔1〕,“忠诚”即“(对国家、人民、事业、领导、朋友等)尽心尽力”〔2〕。相对于《国防法》和《国家安全法》,鉴于军官在武装力

〔1〕 中国社会科学院语言研究所词典编辑室编:《现代汉语词典》(第 6 版),商务印书馆 2012 年版,第 1688 页。

〔2〕 同上书,第 1687 页。

量中的性质和地位,《军官法》在体现中国共产党领导方面,可以说,不仅针对军官的行为,对其心理也提出了更高的要求。

11.《全民所有制工业企业法》

《全民所有制工业企业法》第 8 条规定:“中国共产党在企业中的基层组织,对党和国家的方针、政策在本企业的贯彻执行实行保证监督。”

上述规定主要保证我国宪法有关经济制度的体现,“中国共产党领导”的体现在于“保证监督”“党和国家的方针、政策的贯彻执行”,实则是“政治领导”。

12.《学位条例》

《学位条例》第 2 条规定:“凡是拥护中国共产党的领导、拥护社会主义制度,具有一定学术水平的公民,都可以按照本条例的规定申请相应的学位。”这一条明确了获得学位的一个前提即拥护中国共产党的领导。

13.《公司法》和《民办教育促进法》

《公司法》第 19 条规定:“在公司中,根据中国共产党章程的规定,设立中国共产党的组织,开展党的活动。公司应当为党组织的活动提供必要条件。”《民办教育促进法》第 9 条规定:“民办学校中的中国共产党基层组织,按照中国共产党章程的规定开展党的活动,加强党的建设。”

上述两法尽管没有明确规定“中国共产党领导”,但不难想象,在实践中,只要存在中国共产党组织,在该组织范围内,中国共产党领导会自然呈现。

14. 小结

(1)“领导”内容。

上述法律所体现的“领导”内容,从类别上包括了“政治领导”“组织领导”“思想领导”,从对象上,多数法律中的“领导”主要针对行为,但也有少数法律针对思想。

(2)体现的领域。

按照中国特色社会主义法律体系的内容,上述法律主要涉及行政法、社会法、宪法性法律、经济法等法律部门。按照公私法的分类,主要体现在公法领域。当然,这并非意味着“中国共产党领导”不存在于私法领域,比如《个人独资企业法》第7条规定,“在个人独资企业中的中国共产党党员依照中国共产党章程进行活动”,从侧面体现了个人独资企业中的中国共产党领导。

(3)体现在法律中的位置。

1982年修改宪法时,是否要写、怎样表述“中国共产党领导”,在当时特定的文化、政治背景下,曾让立法者煞费苦心,最终决定体现在宪法序言中。[1] 这种做法事实上开启了一个立法先例,即若一部法律打算写上“中国共产党领导”,一般会体现在“序言”部分,没有“序言”,则会体现在总则部分。例如《民族区域自治法》就在“序言”部分进行了规定。从效力上,也进一步印证了前述邓小平的解释——序言中已经写了,对正文中的规定当然适用。[2] 从法律的要素角度来看,法律的要素包括法律概念、法律原则、法律规则、法律技术,法律原则与法律规则是一般与特殊的关系,前者是后者的指导思想。法律总则部分一般是法律原则的体现,法律分则一般是法律规则的体现。由此,“中国共产党领导”规定在总则中,自然对分则部分具有法律约束力,对分则中相关条文的理解要通过总则进行。

---

〔1〕 具体参见刘松山:《党的领导写入1982年宪法的回顾与展望》,载《河南财经政法大学学报》2014年第3期;杨景宇:《回顾彭真与1982年宪法的诞生》,载《党的文献》2015年第5期,第108页。

〔2〕 王汉斌:《关于宪法的几个问题的报告》,载《社会主义民主法制文集》(下),中国民主法制出版社2012年版,第382页;《彭真文选》,人民出版社1991年版,第453页。

六、余论

本章对宪法序言和法律中规定的“中国共产党领导”从规范角度进行的上述研究，主要在于说明理解该词的一个重要方法在于法教义学视角，同时结合法律制定的历史背景（历史解释）进行分析。但是，不能由此得出如下结论，即不论是宪法抑或法律写上“中国共产党领导”，就意味着中国共产党拥有最高权力、任意行为、实行“以党治国”“党权高于一切”、党成为“最高当局”。[1] 而是说，这种“领导”亦要受到一定条件的制约。

（一）中国共产党党章及其他党内法规的制约

尽管不少法律没有注明要依据党章进行领导，但党章对于各级党组织而言，在党内法律法规体系中效力最高，类似国家法中的宪法。因此，不论是否写明，凡注明“中国共产党领导”的法律中，相应党组织的领导依据首先是党章。在领导具体事项过程中，还需遵循相应的党内法规。

（二）宪法和法律的制约

不论中国共产党领导的具体方式为何，其领导行为都不得与宪法相违背。在领导具体事项过程中，还需遵循相应的法律，此处的法律应是广义的法律，即一切有立法权的国家机关所制定的具有规范性的约束力的法律。对于中国共产党领导与宪法的关系，自 1982 年宪法以来，所有的国家领导人在不同场合都重申宪法的权威地位，以及中国共产党在宪法范围内活动的准则。

---

〔1〕 邓小平：《党与抗日民主政权》，载《邓小平文选》（第一卷），人民出版社 1994 年版，第 10—11 页。

(三)党内法规与宪法、法律的关系

依照党章和宪法办事,是党性的体现。[1] 一般情况下,两者是一致的,“党的领导与依法办事是一致的、统一的。党领导人民制定宪法和法律,党也领导人民遵守、执行宪法和法律”。[2] 但有时候党内法规与国家法律也可能发生冲突,如果因为党内法规的问题,应该对之进行修改完善,如果是法律本身的问题,此时,应对法律进行立、改、废,在立、改、废之前,应以既有法律为依据。

---

〔1〕 彭真:《在全国政法工作会议上的讲话》,载《彭真文选》,人民出版社 1991 年版,第 514 页。
〔2〕 彭真:《不仅要靠党的政策,而且要依法办事》,载《彭真文选》,人民出版社 1991 年版,第 493 页。

第二章　党领导立法的内涵

“党领导立法”是官方和民间对党与法之间关系的一种表达，是对立法实践的描述和提炼。“党领导立法”的提法首次出现于2012年12月4日习近平总书记在首都各界纪念现行宪法公布施行30周年大会上的讲话中，他指出，“党领导人民制定宪法和法律，党领导人民执行宪法和法律，党自身必须在宪法和法律范围内活动，真正做到党领导立法、保证执法、带头守法。”[1]此时，“党领导立法”与“保证执法”“带头守法”并列。2014年10月召开的中共十八届四中全会，新增“支持司法”，从而形成目前“党领导立法、保证执法、支持司法、带头守法”[2]的完整表述。[3]

“党领导立法”是一个重要的实践命题，“小智治事，中智治

〔1〕 中共中央文献研究室编：《十八大以来重要文献选编》（上），中央文献出版社2014年版，第91页。

〔2〕 《中共中央关于全面推进依法治国若干重大问题的决定》，人民出版社2014年版，第5页。

〔3〕 有关政治领域“党领导立法”提法的历史考察，参见封丽霞：《中国共产党领导立法的历史进程与基本经验——十八大以来党领导立法的制度创新》，载《中国法律评论》2021年第3期。

人,大智立法”,[1]不论是新民主主义革命时期,还是新中国成立后的社会主义革命、社会主义建设和改革开放时期,以及十八大以来的新时代,可以说,我国的法律都是在中国共产党领导下制定的。“党领导立法”也是一个重要的理论命题,近年来,学界对“党领导立法”的研究逐步增多,形成了一批有分量的作品。从类型学角度,这些作品主要集中于四个方面,第一个方面侧重于党领导立法的历史演变,总结其间蕴含的规律和经验,[2]第二个方面侧重于党领导立法的功能、作用和意义,[3]第三个方面侧重于党领导立法的具体运作,包括领导方式、具体方法和路径,[4]第四个方面侧重于研究党的领导人的立法思想。[5] 可以说,这些研究对于理解党领导立法提供了多元视角,不过,“党领导立法”这个概念是什么意思?什么是法?什么是党,什么是领导?以及由这些问题所引发的党领导立法与人大主导立法,党领导立法与保证执法、支持司法、带头守法之间的关系分别是什么?与西方政党领导立法相比,中国共产党领导立法有哪些特色?从学术上又如何看待?有学者曾注意到类似问题的存在,但并未给出较为明确的回答,[6]有学者借助

---

[1] 中共中央文献研究室编:《习近平关于全面依法治国论述摘编》,中央文献出版社 2015 年版,第 12 页。

[2] 彭君:《新中国成立 70 年党领导立法的历史变迁》,载《中共中央党校(国家行政学院)学报》2019 年第 4 期。

[3] 全国人大法律委员会、全国人大常委会法律工作委员会课题组:《党的创新理论引领立法工作创新发展》,载《中国人大》2017 年第 24 期;江辉:《政党在立法程序启动中的作用》,载《地方立法研究》2018 年第 3 期。

[4] 秦前红:《依规治党视野下党领导立法工作的逻辑与路径》,载《中共中央党校学报》2017 年第 4 期;魏姝:《从组织渗透到多元化策略:执政党对人大的领导与控制方法研究》,载《江苏行政学院学报》2015 年第 4 期;秦前红:《执政党领导立法的方式和途径》,载《中国法律评论》2014 年第 3 期。

[5] 例如对毛泽东、邓小平、彭真、董必武、习近平等人立法思想的研究,代表性著作有冯玉军:《完善以宪法为核心的中国特色社会主义法律体系——习近平立法思想述论》,载《法学杂志》2016 年第 5 期;胡健:《习近平总书记对党领导立法思想的丰富和发展》,载《中国人大》2017 年第 11 期。

[6] 刘松山:《党领导立法工作需要研究解决的几个重要问题》,载《法学》2017 年第 5 期。

于国家立法的概念并从功能角度对党领导立法进行界定，[1]但尚不够深入。

本章的目的在于，以既有研究为基础，尝试对上述问题进行回答。在思想渊源上，以习近平法治思想为指导。在规范依据上，以《中华人民共和国宪法》（以下简称《宪法》）为核心的国法和以《中国共产党章程》（以下简称《党章》）为核心的党规作为论证所依据的准则。在解析方式上，按照先分解后合成的次序。在框架结构上，首先对“法”“党”和“领导”进行界定，其次将“党领导立法”与有关概念的关系进行梳理和澄清，最后指出从学术角度回应“党领导立法”时应把握的方向。

一、何谓“党”？

我国是社会主义国家，“党领导立法”中的“法”自然是社会主义法的简称，根据马克思主义法学原理，“社会主义法是由社会主义国家制定或认可、依靠国家强制力保证实施和绝大多数人自觉遵守的，反映人民共同意志，规定权利和义务，以确认、保护和发展对全体人民有利的社会关系和社会秩序为目的的行为规范体系。”[2]可以看出，这里的法是广义上的法，是将法作为一个整体。“党”领导立法中的“党”是中国共产党的简称，是“作为一个执政整体而言的，是就党的执政地位和领导地位而言的。”[3]所谓党领导立法，实质上是中国共产党作为一个整体与国家法之间的关系在立法领域中的体现，是“善于使党的主张通过法定程序成为国家意志”。[4] 从规范角度，党章《总纲》中多次提到“党领导人民”，宪法“序言”中提到党领导中国各族人

[1] 田侠：《党领导立法实证研究——以北京市人大及其常委会为例》，中国社会科学出版社2016年版，第36页。

[2] 《法理学》编写组：《法理学》（第二版），人民出版社、高等教育出版社2020年版，第43—44页。

[3] 中共中央文献研究室编：《习近平关于全面依法治国论述摘编》，中央文献出版社2015年版，第37页。

[4] 《中共中央关于全面推进依法治国若干重大问题的决定》，人民出版社2014年版，第5页。

民，这说明，“党”和“人民”都是集体或整体概念。按照党章规定，作为整体意义上的党，包括党员、党的组织制度、党的中央组织、党的地方组织、党的基层组织、党的干部、党的纪律、党的纪律检查机关、党组、党和共产主义青年团的关系、党旗党徽。党的这些组成部分可归纳为四个方面，分别是主体（党员、党的中央组织、党的地方组织、党的基层组织、党的干部、党的纪律检查机关、党组）、制度（党的组织制度、党的纪律）、关系（党和共产主义青年团的关系）和象征（党旗党徽）。

党的主体又可以分为两类，一类是个体，包括党员和党的干部；一类是党组织，包括党的中央组织、党的地方组织、党的基层组织、党的纪律检查机关和党组。实践中，这些个体和党组织在法律和党的各种制度约束下，使用标志性象征，做出各种行为。相应地，作为整体意义上的党，其行为的发出、意志的体现、命令的下达、对国家和社会治理的领导，必然要通过这些个体和党组织来实现。在立法领域，一方面，作为整体意义上的党不可能立法，它必然通过党的主体，后者依靠党的组织制度，遵守党的纪律并在党的纪律检查机关的监督下领导立法；另一方面，并非所有党的主体皆有权领导立法。这些主体应包括哪些？有学者认为，领导主体是“党的中央组织、地方组织”，[1]但并没有指出是哪些组织。还有学者认为，领导主体是党组织，包括党的中央委员会和一定层级的地方党委。[2] 该观点一定程度上指出了领导主体，不过，如果将中共中央视为领导主体，那么它就不仅仅包括中央委员会，此外，除了地方党委，享有立法权的中央国家立法机关（以下简称中央立法机关）和享有立法权的地方国家立法机关（以下简称地方立法机关）的党组织是否也可以视为领导主体？

习近平总书记指出，一方面，“党领导立法”中的“党”和“法”皆是作为

---

〔1〕 丁以升：《加强党对立法工作的领导——“学习十六届四中全会座谈会”观点综述》，载《法学》2004 年第 12 期。

〔2〕 陈俊：《政党与立法问题研究——借鉴与超越》，人民出版社 2008 年版，第 272 页。

一个整体而言,不存在谁大谁小,"'党大还是法大'是一个伪问题";另一方面,"我们有些事情要提交党委把握"[1],这种"把握"是指针对具体事务的处理,要通过"党委"来完成。例如,在社会治理制度建设中,中共十九届四中全会指出,"完善党委领导、政府负责、民主协商、社会协同、公众参与、法治保障、科技支撑的社会治理体系。"[2]相应地,在具体的立法实践中,党委对立法的"把握",实质上就是党委对立法的"领导",此时所立之"法"是具体的法,"它包括宪法、全国人民代表大会及其常务委员会制定的法律、国务院制定的行政法规、地方国家权力机关制定的地方性法规、民族自治地方的人民代表大会制定的自治条例和单行条例等"。[3]

申言之,立法实践中应由哪些领导主体来"把握"(领导)立法,应考虑三个方面,首先,领导主体只能是党组织,这是由党章规定的,根据《党章》第10条第5款规定,重大问题都要由党的委员会集体讨论并作出决定,而委员会成员根据集体的决定和分工履行自己的职责。其次,根据法律(《宪法》《立法法》等)关于立法权行使的主体和相应党内法规(《党章》《中国共产党中央委员会工作条例》《中国共产党地方委员会工作条例》等)关于党组织对立法权主体领导的规定,并非所有党组织皆是领导主体。从规范角度或者根据党章规定的组织原则和基本精神而言,在实际的立法过程中,是特定类型的党组织在领导立法。在性质上,这些党组织"并非作为一个执政整体而言",也不是在"执政地位或领导地位而言"的"党",它们"不能以党自居",仅是党的组成部分,它们在立法实践中的"把握"行为,实质上是在行使各种权力,由此产生的"权大还是法大""则是一个真问题"[4]。

---

〔1〕 中共中央文献研究室编:《习近平关于全面依法治国论述摘编》,中央文献出版社2015年版,第37页。

〔2〕《中国共产党第十九届中央委员会第四次全体会议文件汇编》,人民出版社2019年版,第49页。

〔3〕《法理学》编写组:《法理学》(第二版),人民出版社、高等教育出版社2020年版,第32页。

〔4〕 中共中央文献研究室编:《习近平关于全面依法治国论述摘编》,中央文献出版社2015年版,第12、37页。

鉴于立法从性质上是一种国家行为，是立法机关行使权力的体现。因此，回答哪些党组织有资格“把握”立法，必须结合以党章为核心的党内法规和以宪法为核心的国家法律，通过这个“结合”，可以将这些党组织概括为三类，分别是地方立法中的党组织、中央立法中的党组织和中共中央。

（一）地方立法中的党组织

这一级的党组织包括两类，一是地方立法机关的党组，二是这些党组同级的党委。有学者指出，“在现实的国家治理结构中，党的组织和各级政府机构对应存在，在党的领导下处理各种国家事务……在垂直的国家管理中，党的机构实际上控制着所有其他机构。”[1]这里的“控制”一词虽有夸大之嫌，不过，地方立法机关在同级党委领导下处理立法事务则有明确依据，根据《中国共产党地方委员会工作条例》第3条和第5条第5款规定，地方党委在本地区发挥领导核心作用，并支持和保证同级人大、政府党组等在各自组织中发挥领导核心作用。

根据《立法法》相关规定，地方立法机关包括省级人大（及其常委会）和政府、设区的市（自治州）的人大（及其常委会）和政府、民族自治地方的人大、[2]经济特区所在地的市的人大（及其常委会）和政府。这些机关在行使立法权的过程中，皆在上级党委、同级党委和本单位党组领导下进行。这些地方的党委及立法机关的党组就是地方立法中的党组织。

在领导权归属方面，地方立法机关的党组在横向上受同级地方党委的领导，后者支持和保证前者在立法过程中发挥领导核心作用。在纵向上，下级党委接受上级党委的领导。

---

〔1〕 李路路、李汉林：《中国的单位组织》（修订版），生活·读书·新知三联书店、生活书店出版有限公司2019年版，第27页。

〔2〕 根据《立法法》第75条规定，民族自治地方的人民代表大会制定自治法规。

（二）中央立法中的党组织

这里的“中央”相对于“地方”，指立法机关的级别。根据《宪法》《立法法》有关规定，享有立法权的中央国家机关包括全国人民代表大会及其常务委员会（以下简称全国人大及其常委会）、国务院及其各部委、国家监察委、中央军委及其各总部、军兵种、军区、中国人民武装警察部队。这些国家机关在立法过程中受本机关的党组领导，因此，后者是中央立法中的党组织。在纵向上，这些党组织统一受中共中央的领导。同时，在这些国家机关中，比如国务院、中央军委享有两层级的立法权，下级党组受上级党组的领导。

（三）中共中央

不论是 1954 年制定的宪法及此后的历次修改，还是全国人大（常委会）制定的法律，都是中共中央政策的法律化，在过程上，要么是中共中央向全国人大（常委会）提出立法建议，要么是后者在前者领导下，将政策以法律的形式进行体现。总而言之，不论是全国人大还是国务院、中央军委、国家监察委，在各自党组领导下进行的立法，均要接受中共中央的领导。中共中央的政策在地方上落实的一个重要体现，就是在中共中央统一领导下，地方立法机关在本部门党组、同级党委和上级党委领导下，将中共中央的政策结合本地实际通过法律程序变成国家法律。

“中共中央”具体是谁？虽然党的中央组织不限于《党章》第三章规定的党的全国代表大会、党的中央委员会、中央政治局、中央政治局常务委员会，但根据《党章》第 10 条第 3 款和第 23 条第 2 款来看，前者将党的最高领导机关规定为党的全国代表大会和中央委员会，后者规定中央委员会全体会议闭会期间中央政治局和它的常务委员会行使中央委员会的职权。这些规定在《中国共产党中央委员会工作条例》第 2 条、第 5 条中进一步明确化。由此可以判定，作为党的领导机关的党的全国代表大会、党的中央委员会、中央政治局、中央政治局常务委员会,它们在不同情况下依据特定权限和程序,以“中共中央”(党中央)的名义行事。

在立法领域,中共中央“领导全国立法工作、研究决定国家立法工作中的重大问题”[1],因涉及具体事项,在不同情况下,中共中央所指不同,例如,按照《中国共产党中央委员会工作条例》第13条第3款规定,全国人大常委会、国务院的党组“对党中央负责,贯彻执行党中央决策部署”;根据《关于新形势下党内政治生活的若干准则》的规定,全国人大常委会、国务院、中央和国家机关各部门、各省、自治区、直辖市的“党组织要定期向党中央报告工作”,[2]这里的“党中央”在实践中主要是中央政治局常务委员会。[3] 全党各个组织(包括前述地方立法中的党组织和中央立法中的党组织)和全体党员根据《党章》第10条第1款都要服从中共中央的领导,这里的中共中央显然包括党的全国代表大会、党的中央委员会、中央政治局、中央政治局常务委员会。在新时代,这种服从就是“善于运用民主集中制原则维护中央权威、维护全党全国团结统一”[4],“坚决维护党中央权威和集中统一领导”[5]。

根据法律和党内法规的有关规定,上述三类党组织之间的关系(见图2-1)可从三个方面进行展开:

第一,体现了中央与地方的架构。中央立法中的党组织与地方立法中的党组织是我国国家治理和社会治理中划分中央与地方的体现,也是立法机关分为中央立法机关和地方立法机关的体现。

第二,体现了横向和纵向的领导。横向上,中央立法机关受本部门党组

---

[1] 朱宁宁:《努力实现以良法促进发展保证善治》,载《法制日报》2016年12月20日第9版。
[2] 《关于新形势下党内政治生活的若干准则》,人民出版社2016年版,第14页。
[3] 党的十八大以来,每年1月份,中共中央政治局常务委员会召开会议,听取全国人大常委会、国务院、全国政协、最高人民法院、最高人民检察院党组工作汇报,听取中央书记处工作报告。
[4] 《中共中央关于全面推进依法治国若干重大问题的决定》,人民出版社2014年版,第5页。
[5] 《中共中央关于加强党的政治建设的意见》,人民出版社2019年版,第3页。

领导；地方立法机关受本部门党组领导，该党组受同级党委领导。纵向上，地方各级党委受上级党委领导，中央立法中的党组织受中共中央领导。

第三，体现了下级服从上级，全党各个组织服从中央的制度。不论是地方还是中央立法中的党组织都必须服从中共中央的领导，在后者领导下，享有立法权的各级国家机关依据法律权限和程序行使立法权，进行立法工作。

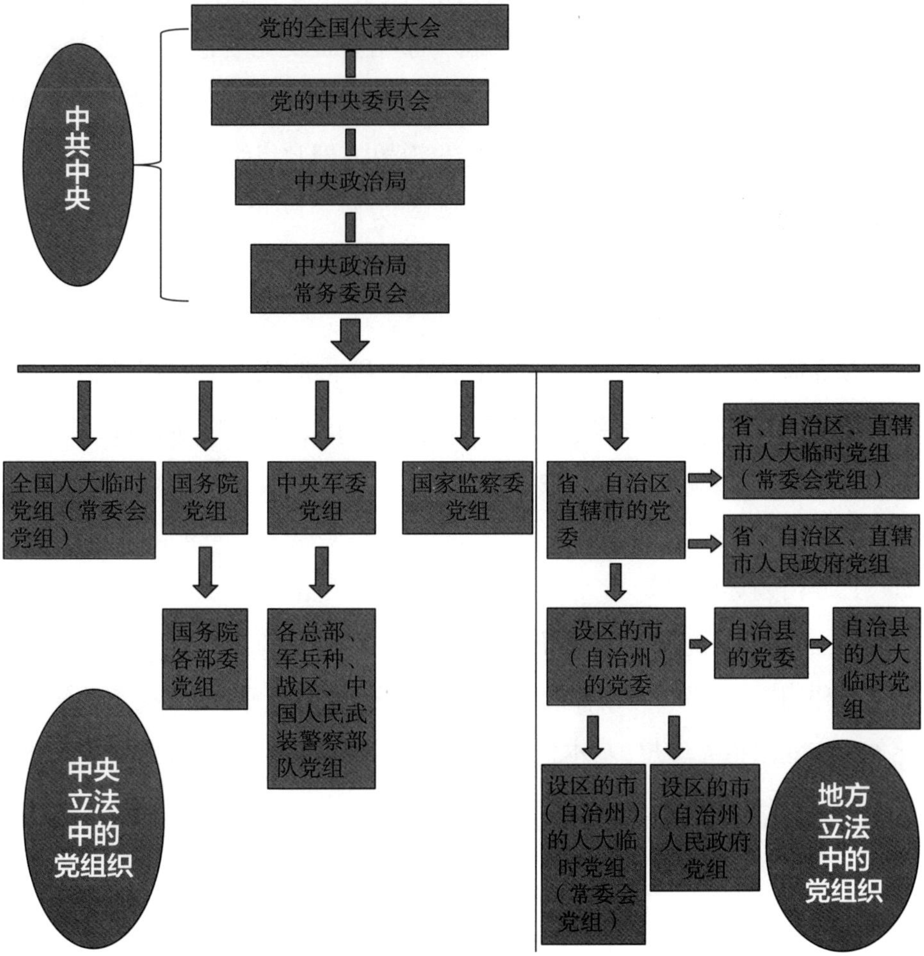

图 2－1　立法实践中党组织的架构层级

二、何谓“领导”?

据学者统计,关于领导的概念多达350种以上,管理学、政治学、社会学皆给出了不同的界定,法学意义上的领导主要借助管理学和政治学的概念,强调用价值观、路线、方针、政策进行的引导、组织、影响,以实现某种任务和目标。[1] 习近平总书记指出,“我们有些事情要提交党委把握,但这种把握不是私情插手,不是包庇性的干预,而是一种政治性、程序性、职责性的把握”,[2]如前文所述,这种“把握”在立法实践中,即党组织对立法的“领导”。本章以此为框架,将党领导立法中的“领导”分解为以下五个层面。

(一)领导原则

领导原则是指党领导立法过程中坚持的基本准则,比如把握政治方向、提供政治、思想和组织保障,[3]此即习近平总书记所言的“政治性把握”。以此为基础,结合党领导立法过程中的具体运作,可将“领导原则”归结为五个方面:

1. 政治领导原则

在立法领域,党的政治领导一方面体现了“党总揽全局、协调各方的领导核心作用”[4],另一方面体现了对政治方向、政治原则、重大决策的领导,比如决定立法指导思想、基本任务、基本目标、基本方向,解决立法中重大、疑难、有争议的问题等。

---

〔1〕 蒋清华:《中国共产党党的领导法规制度基础理论研究》,人民出版社2019年版,第13—14页。
〔2〕 中共中央文献研究室编:《习近平关于全面依法治国论述摘编》,中央文献出版社2015年版,第37页。
〔3〕 朱景文:《关于党领导立法的几点思考》,载中国法学网。
〔4〕 习近平:《论坚持全面依法治国》,中央文献出版社2020年版,第15页。

2. 集体领导原则

集体领导是民主集中制的内在要求,可以通过两个方面把握该原则。其一,立法属于“重大问题”,“凡属重大问题都要按照集体领导、民主集中、个别酝酿、会议决定的原则,由党的委员会集体讨论,作出决定;委员会成员要根据集体的决定和分工,切实履行自己的职责”(《党章》第 10 条第 5 款)。其二,民主决策“必须充分发扬党内民主,尊重党员的主体地位,保障党员民主权利”,同时也是“群众路线在党的生活中的运用”(《党章》总纲),该原则的实行使得立法过程中,不但党员的权利得以充分行使,而且人民通过多种途径参与立法活动也得到充分保证。

3. 发挥立法机关作用原则

该原则是党的领导与人民当家作主相结合的体现,包括三个方面。其一,党的主张变成国家法律最终仍然要经过立法机关的立法程序,党要支持并保证立法机关充分行使立法权。其二,党对立法的领导并非事无巨细全面覆盖,“不是包庇性的插手”,而是除政治方面和重大经济社会方面的立法之外,其他立法由立法机关根据法定权限组织开展起草审议活动。其三,立法机关行使的权力属于“一切权力属于人民”(《宪法》第 2 条)的范畴。

4. 依法依规原则

“依法依规”中的“法”指宪法和法律,“规”指党内法规,依法依规即习近平总书记所言的“职责性、程序性把握”。中国共产党作为执政党,其对立法的领导,自然要“坚持依法执政”,[1]立法无小事,“各有关方面都要从党和国家工作大局出发看待立法工作”,[2]尤其涉及重大改革时,更要“于法有据”,[3]《党章》总纲规定,“党必须在宪法和法律的范围内活动”,不得违反宪法和法律;《宪法》第 5 条规定,“各政党……都必须遵守宪法和法律。一

---

〔1〕《中共中央关于全面推进依法治国若干重大问题的决定》,人民出版社 2014 年版,第 33 页。
〔2〕习近平:《论坚持全面依法治国》,中央文献出版社 2020 年版,第 20 页。
〔3〕《中共中央关于全面推进依法治国若干重大问题的决定》,人民出版社 2014 年版,第 15 页。

切违反宪法和法律的行为，必须予以追究。任何组织或者个人都不得有超越宪法和法律的特权"，这属于依法治国范畴。同时，党对立法的领导又属于党的活动，这种活动不得违反党内法规，"要把严的标准、严的措施贯穿于管党治党全过程和各方面"（《党章》总纲），这属于依规治党范畴。立法实践中，各类党组织严格依法依规领导立法工作，就是在落实全面依法治国和全面从严治党。

5. 组织领导原则

党的组织领导侧重从组织上保证党的纲领、路线、方针、政策通过立法程序转变为国家的法律，具体体现为党管干部原则，"善于使党组织推荐的人选通过法定程序成为国家政权机关的领导人员"，[1] 在立法领域，对享有立法权的各级人民代表大会代表的提名与推荐，保证党员代表/委员占一定比例，对代表/委员的培养、考核和监督，立法表决前对代表/委员的动员等，[2] 从而"善于通过国家政权机关实施党对国家和社会的领导"[3]。

（二）领导对象

从形式上看，"党领导立法"中领导对象似乎是立法，其实不然，"党领导立法"的完整表述应是"党领导 X 立法"，这里的 X 就是领导的对象。实践中，立法就是 X 在特定党组织领导下进行的行为，那么，X 是谁？根据法律和党内法规，可以将 X 分为三类。

1. 人民

根据《宪法》第 2 条，我国一切权力属于人民，其中自然包括立法权。根据宪法序言，"我国各族人民将继续在中国共产党领导下"，并结合《党章》总纲中"中国共产党要领导全国各族人民"的规定，两者的统一表述就是"党领

---

〔1〕《中共中央关于全面推进依法治国若干重大问题的决定》，人民出版社 2014 年，第 5—6 页。
〔2〕参见本书第九章。
〔3〕《中共中央关于全面推进依法治国若干重大问题的决定》，人民出版社 2014 年，第 6 页。

导人民制定宪法和法律”。[1] 正如本章开头所言,人民与党一样,是集体概念,因此,在立法实践中,“党”和“人民”必然体现为特定党组织和各种类型的具体化的人民,比如立法机关的人大代表、被征求法律草案意见的社会公众、参与法律论证的专家学者。如果将“人民”相对于“敌人”而言,那么,参与或影响立法的其他主体都是“人民”涵盖的范围,如包括立法机关在内的国家机关、民主党派、群团组织、企事业单位、新闻媒体等,他们在各级党组织领导下形成合力的结果,就是法律。

2. 立法机关

党对立法机关的领导主要通过特定党组织以及立法机关内具有党员身份的成员进行,即“人大、政府……的党组织和党员干部要坚决贯彻党的理论和路线方针政策,贯彻党委决策部署”[2],按董必武的话说,就是“工人阶级的先锋队——共产党——怎样领导政权机关呢?党是经过在政权机关中的党员的工作,使政权机关接受党的政策,把它变为国家的政策,来实现领导的”。[3] 在立法机关中的党员本身也是立法机关的成员,他们在立法机关中党组织领导下进行立法行为。以全国人大为例,在人大常委会党组领导下,通过不同类型的党组织,发动党员代表/委员贯彻中共中央的政策(见表2-1),由于这些党员代表/委员在全体代表/委员占比一般超过2/3,[4] 在技术上可以保证法律的通过。

---

[1] 中共中央文献研究室编:《习近平关于全面依法治国论述摘编》,中央文献出版社2015年版,第36页。

[2] 《中共中央关于全面推进依法治国若干重大问题的决定》,人民出版社2014年版,第34页。

[3] 董必武:《论加强人民代表会议的工作》,载《董必武选集》,人民出版社1985年版,第308页。

[4] 具体数据参见本书第九章。

表 2-1　全国人大系统内党组织及对应机构(成员)

国家机构	党组	党组对应的人大机构	党委	党委对应的人大机构(成员)
全国人民代表大会	全国人大临时党组	—	全国人大主席团临时党组	全国人大主席团
			全国人大各代表团临时党支部	全国人大各代表团
			全国人大各委员会分党组	全国人大各委员会
全国人民代表大会常委会	全国人大常委会党组	全国人大常委会委员长会议	全国人大常委会机关党组	全国人大常委会秘书处
			全国人大各委员会分党组	全国人大各委员会
			全国人大常委会临时党组	除党组和机关党组成员以外的全国人大常委会党员委员

注:参见景跃进、陈明明、肖滨主编:《当代中国政府与政治》,中国人民大学出版社 2016 年版,第 73 页。本章对原表有所修正和添加。

3. 特定党组织

这些党组织即前述中央立法和地方立法中的党组织。如果说立法机关是“领导”的间接对象,那么这些党组织就是“领导”的直接对象。它们在中共中央的统一领导下,通过对组织成员和下级党组织的领导,从而影响各级立法机关,最终将党的意志变成国家意志。从身份性质上,这些党组织具有“复合”身份,相对于中共中央而言,它们是领导对象,相对于立法机关而言,它们是领导主体。

(三)领导方式

有学者将领导方式分为四种:审定立法规划和计划;提出立法建议,加强重点领域法律起草工作的领导;审批重要法律法规草案或者起草的指导原则和重大问题;对立法进行监督。[1] 在此基础上,可将领导方式简化为命令、建议、批准、同意、批示。

1. 命令

根据《党章》第10条第1款,党的民主集中制的基本原则是:"党员个人服从党的组织,少数服从多数,下级组织服从上级组织,全党各个组织和全体党员服从党的全国代表大会和中央委员会。"在立法领域,党的组织向个人发布的要求、少数对多数的决定、上级组织对下级组织发布的要求、党的全国代表大会和中央委员会对全国各个组织和全体党员发布的要求,后者必须服从贯彻,并将这种服从转化为立法行为,从而使党的意志通过立法程序变成国家意志。

进而言之,这种"命令"的对象具有一定程度的限制,即对象是党组织和党组织的成员,不能是非党员。对于非党员(代表/委员),只能由党员(代表/委员)去影响。[2] 同时,命令的对象也不是立法机关,特定党组织不能向立法机关下命令,或者自己替代立法机关立法。

2. 建议

这种方式主要体现在党对立法机关的领导方面,例如中共中央向全国人大、地方党委向同级人大提出有关法律的立改废释方面的建议。从组织性质而言,一个是政党组织,一个是立法机关,两者不是上下级关系,只能用"建议",体现了党政之间的分工。

3. (原则)批准、(原则)同意

这种方式主要体现在请示报告制度领域。以全国人大常委会的立法为例,"凡重大立法事项,立法涉及的重大体制、重大政策调整,以及需要由党

---

〔1〕 余俊:《党领导立法的主体性问题》,载《法学论坛》,第113—114页。

〔2〕 参见张友渔:《张友渔文选》(下卷),法律出版社1997年版,第514页;吴邦国:《吴邦国论人大工作》(下),人民出版社2017年版,第446—447页。

中央研究的立法中的重大问题，由全国人大常委会党组向党中央请示报告。立法工作规划、重要立法项目，按照要求提交中央全面依法治国委员会审议。”[1]人大常委会党组向中共中央请示，地方人大常委会党组向同级党委请示，后者对请示的内容进行回复，包括批准、原则批准、同意、原则同意等。例如，“2018 年 8 月，党中央转发了中共全国人大常委会党组关于十三届全国人大常委会立法规划的请示，并批准了这个规划。”[2]

4. 批示

这种方式主要体现在党的领导人（包括中央领导、地方党委领导）对立法领域有关问题的书面表示意见。例如，2016 年《中共中央关于加强党领导立法工作的意见》规定了党委负责人是“领导立法工作第一责任人，重点立法工作亲自过问、重要立法项目亲自推进、重大立法问题亲自协调”，[3]在此过程中出现的批示行为，有关党组织和立法部门将对批示进行落实，最终体现为法律的立改废释。

（四）领导效果

根据这种角度，党领导立法分为确保式领导立法和纠正式领导立法。前者是对正确的立法进行领导，比如进入立法程序前的各种方式的领导，以及，进入立法程序后，在表决前将正确意见吸收和纳入法律案的领导，比如 1993 年修宪过程中，八届全国人大一次会议审议期间，个别委员及民建建议应将中国共产党领导的多党合作和政治协商制度写入宪法，该建议受到中央采纳，最终，由北京市等 32 个代表团的 2383 名代表签名，联合提出对宪法

[1] 《全国人大常委会 2020 年度立法工作计划》，载《全国人民代表大会常务委员会公报》2020 年第 2 号，第 493 页。
[2] 胡健：《改革开放四十年国家立法》，载《地方立法研究》2018 年第 6 期。
[3] 转引自刘鲁吉：《新时代党领导立法方式的新发展》，载《前沿》2020 年第 2 期。

修正案的补充草案。[1] 后者是对错误的立法进行纠正，具体包括两个方面，一是立法过程中通过命令、建议、批示等方式纠正错误的立法；二是法律生效后，对具有滞后性、局限性、表述有问题、与上位法发生冲突等问题的法律进行纠正。

（五）法的制定阶段

法的制定阶段可分为准备阶段和确立阶段。[2] 由于党的领导贯穿于立法的全过程，从这个角度，可将党的领导在立法领域中的体现分为准备阶段的领导和确立阶段的领导。在准备阶段，党的领导体现在法律计划（年度立法计划、五年立法计划）的批准、起草规范性文件过程中的重大争议的解决、法律草案的批准（同意或原则同意）。在确立阶段，党的领导体现在审议阶段重大争议的解决、审议阶段将正确意见和建议吸收进法律案的指导、确保立法机关内具有党员身份的成员在表决阶段投赞成票以及影响非党员成员的表决选择等。

本章通过对"法""党""领导"的界定，在理论上至少可以勾勒出三点结论：第一，中国的立法必须也必然是在中国共产党领导下才能进行，离开中国共产党的领导，理论上无法准确有效地解释立法，立法实践也可能偏离正确的方向；第二，党领导立法中的"党"是指中国共产党，但是在立法实践中，中国共产党不是作为一个整体领导立法，而是通过三种类型的党组织领导立法；第三，中国共产党不是直接立法，也不是向立法机关下命令进行立法，而是领导立法，领导具体化为各种原则、对象、方式等。

---

〔1〕 刘政：《人民代表大会制度的历史足迹》，中国民主法制出版社2008年版，第262—263页；王汉斌：《王汉斌访谈录——亲历新时期社会主义民主法制建设》，中国民主法制出版社2012年版，第140页。

〔2〕 朱景文主编：《法理学》（第四版），中国人民大学出版社2021年版，第238页。

三、党领导立法与相关概念的关系

为了进一步明确党领导立法的含义，可以将其与有关概念进行比较，本章以人大主导立法、保证执法、支持司法、带头守法为例进行说明。

（一）党领导立法与人大主导立法

1. 人大主导立法

人大主导立法在党的政策文件和法律中皆有明确规定，它既是一个政治术语也是一个法律术语。在政治方面，例如党的十八届四中全会通过的《中共中央关于全面推进依法治国若干重大问题的决定》指出，“健全有立法权的人大主导立法工作的体制机制，发挥人大及其常委会在立法工作中的主导作用”，[1]党的十九大报告指出，“发挥人大及其常委会在立法工作中的主导作用”。[2] 在法律方面，《立法法》第 51 条规定，“全国人民代表大会及其常务委员会加强对立法工作的组织协调，发挥在立法工作中的主导作用。”《民法典》的制定过程很好地贯彻了这些规定。[3]

明确人大主导立法需要把握以下几点：

（1）主体方面。人大主导的主体是享有立法权的各级人民代表大会及其常务委员会。

（2）人大主导的领域方面。人大主导贯穿立法的全过程，包括准备阶段、实施阶段和完善阶段，具体涉及选题立项、起草调研、审议、合法性审查、立法后评估、组织协调等方面。

---

[1] 《中共中央关于全面推进依法治国若干重大问题的决定》，人民出版社 2014 年版，第 10 页。

[2] 《习近平谈治国理政》（第三卷），外文出版社 2020 年版，第 29 页。

[3] 张鸣起：《〈中华人民共和国民法总则〉的制定》，载《中国法学》2017 年第 2 期；张鸣起：《民法典分编的编纂》，载《中国法学》2020 年第 3 期。

(3)人大作为权力机关的中立性、超脱性方面。立法中的人大主导侧重发挥立法的引领和推动作用,有效防止部门利益和地方保护主义。

(4)影响立法的主体间关系方面。实践中,在党委领导下,影响立法的主体包括人大、政府和其他各方,在立法过程中,在党委领导下,人大"不是简单的牵头参与,而是在选题立项、起草调研、审议通过中都要发挥实质性统筹安排、严格把关、确保质量等作用"[1],这种作用就是"主导"。

2. 党领导立法与人大主导立法的关系

把握两者的关系要注意两个方面:

(1)两者是上下位概念的关系

人大行使立法权在党的领导下进行,要而言之,党的领导是人大主导的上位概念,党的领导保证人大主导的根本方向,并尊重、支持、帮助人大及其常委会依法充分行使立法权。人大主导的范围不能超出党的领导的范围,人大主导"不是擅作主张,而是在党中央集中统一领导下进行"[2],是对党的领导的具体贯彻和落实,人大"将发挥主导作用作为落实党领导立法的重要途径和保证"[3]。我国的立法实践表明,党的领导正确,人大主导一般不会出现问题,越是坚持党的领导,就越能有效发挥人大的主导作用。[4]

(2)两者是宏观与微观的关系

党的领导不论是政治领导、思想领导还是组织领导,侧重的是大政方针、方向、目标和政策的确定,而对"某些远离政治领域的法律制定过程的细节管理"则不会直接领导。[5] 人大主导侧重的是如何具体落实这些方针、方

[1] 栗战书:《在第十三届全国人民代表大会常务委员会第十九次会议上的讲话》,载《全国人民代表大会常务委员会公报》2020年第3号,第519页。

[2] 同上。

[3] 《全国人大常委会2020年度立法工作计划》,载《全国人民代表大会常务委员会公报》2020年第2号,第493页。

[4] 李适时:《发挥人大在立法中的主导作用》,载《中国人大》2014年第20期。

[5] 何俊志:《从苏维埃到人民代表大会制——中国共产党关于现代代议制的构想与实践》,复旦大学出版社2011年版,第283页。

向、目标和政策,可以说,人大主导是党的领导的具体化。

(3)两者是内容与形式的关系

党领导立法与人大主导立法都是人民意志的体现。党领导立法决定着立法的方向和性质,人大主导立法决定着立法的合法性。没有党对立法的领导,人大主导立法也能进行,但所立之法有可能偏离轨道,失去正确的方向,不能客观地反映人民的意志。立法权属于国家权力,党不能直接行使这种权力,人大主导立法是国家权力行使的体现,是党的意志通过立法程序上升为国家意志的体现。有了党领导立法,人大主导立法才成有缘之木,有了人大主导立法,党领导立法才能落地生根。

(二)党领导立法与保证执法、支持司法、带头守法

在法的其他运行领域,党与法的关系可表述为“保证执法、支持司法、带头守法”。在主体上,执法的主体是政府,司法的主体是法院和检察院,守法的主体是一切国家机关、社会组织和个人。在各级党组织的保证、支持和带头下,执法、司法和守法行为得以落实并达到相应的效果。

双方的关系包括两个方面:

1. 本质上的一致性

作为整体意义上的党,在领导立法过程中,形式上体现的是党的意志和国家的意志,实质上体现的是人民的意志,在党领导下所制定的法律,自然带有鲜明的人民性。党领导下制定的法律所体现的这种意志,与立法、执法、司法、守法这些领域所代表的意志在根本上是一致的。这种一致性包括两个层面,第一个层面,是党与法的关系上,党的意志与法律代表的国家意志不存在谁大谁小、谁高谁低的问题,所谓“党大还是法大”,是一个伪问题。[1] 第二个层面,在党与法的关系框架内,党领导立法与保证执法、支持

〔1〕 中共中央文献研究室编:《习近平关于全面依法治国论述摘编》,中央文献出版社2015年版,第34页。

司法、带头守法实现了统一。“作为一个执政整体而言的”[1]中国共产党，在具体实践中，通过特定党委的领导行为，表现为立法和法的实施（执法、司法、守法），形成党与法的关系框架。这种框架，可表述为“党领导人民制定宪法和法律，党领导人民实施宪法和法律，党自身必须在宪法法律范围内活动，这就是党的领导力量的体现。”[2]

2.“领导”的不同面向

“把党的领导贯彻到依法治国全过程和各方面，是我国社会主义法治建设的一条基本经验”[3]，这里的“全过程和各方面”除了立法，当然还包括执法、司法与守法。所谓“保证”“支持”“带头”并非不要“领导”，而是“领导”在不同领域的体现，形式上是各种类型的权力因职能或分工而指涉不同的领域，实质上都是中国共产党通过特定的党组织在不同领域对公权力的行使、规制和监督，从而实现对人权的确认、保障和落实。

在法的运行领域，若从广狭义角度对党的领导进行界定，可以表述为：广义的党的领导包括对立法（即领导立法）、执法（即保证执法）、司法（即支持司法）、守法（即带头守法）的领导，而狭义的党的领导仅指对立法的领导，即党领导立法。

四、“党领导立法”的特色及学术回应

（一）“党领导立法”的特色

政党政治作为现代民主政治的重要组成部分，在国家治理和社会治理

---

〔1〕 中共中央文献研究室编：《习近平关于全面依法治国论述摘编》，中央文献出版社2015年版，第37页。

〔2〕 同上书，第36页。

〔3〕《中共中央关于全面推进依法治国若干重大问题的决定》，人民出版社2014年版，第5页。

过程中发挥着必不可少的功能。在法律运行领域,不论是中国还是西方,都有政党通过各种方式施加影响,“立法是国家政权的最重要的活动之一,因而为政党所特别关注。各国政党要对政权活动发生作用,必须也必定涉足立法活动,这是由政党的性质和任务所决定的。”〔1〕

不过,相对于西方而言,中国式的政党领导立法有其自身的特点。

第一,在政党产生方面,西方政党多产生于国家政权成立之后,根据宪法或惯例产生。中国共产党成立于新政权产生之前,其领导地位和权威由历史形成,新政权建立后,经宪法进行确认。因此,中国共产党领导立法具有历史和法律的双重正当性。

第二,在政党制度方面,西方主要体现为多党制或两党制,存在着执政党、反对党和在野党。中国不存在反对党和在野党,民主党派在中国共产党领导下参政议政。中国共产党领导“是我国的立国之本”(《党章》总纲),“中国人民将继续在中国共产党的领导下”(《宪法》序言),是长期领导。这决定了中国共产党领导立法在政治上的“国本”性质和法律上的“长期”性质。

第三,在对政治的嵌入性方面。西方政党的组织较为松散,不太强调政府公务员的党派色彩,决定了其对政治嵌入性较弱。中国共产党组织严密,纪律性强,对政治的嵌入性较强,党组织和党员嵌入到各级立法机关之中,通过党组织落实政党的路线、方针、政策,并发挥党员的先锋模范带头作用,实现党的领导。

上述三个方面决定了,中国共产党不论是领导立法,还是领导执法、司法与守法,相对而言,均可以保持法律运行的连续性、稳定性、不受干扰性。这种中西政党与立法之间的区别,体现了“中国法治有中国特色”〔2〕,这种

---

〔1〕 周旺生:《立法学》,北京大学出版社1988年版,第386页。转引自陈俊:《政党与立法问题研究——借鉴与超越》,人民出版社2008年版,第33页。

〔2〕 习近平:《论坚持全面依法治国》,中央文献出版社2020年版,第176页。

特色从本质上而言与一个国家的国情有关，因为“走什么样的法治道路、建设什么样的法治体系，是由一个国家的基本国情决定的。”[1]

(二)“党领导立法”的学术回应

学者在谈到法理学的使命时提出，“从法治实践角度看，中国法理学使命面临的主要挑战和基本问题，是如何回应、阐释、解读、引领当代中国的法制改革和法治实践。”[2]党领导立法作为中国国家治理现代化和中国特色政党政治的重要组成部分，在迈向法治国家、法治政府、法治社会一体建设，依法治国、依法执政、依法行政共同推进的实践中发挥着重要作用。学术上应如何回应（包括解释、阐释、解读甚至引领）这种国家制度或政法现象？“科学的理论是对世界如何运行的解释”[3]，那么，应通过何种理论来理解和把握“党领导立法”并给出有说服力的理论解释？

这些问题的回答似乎与什么是“党领导立法”无关，不过，有说服力的学术回应一方面有利于从更深层次深化对该命题的理解，另一方面，通过“构筑中国制度建设理论的学术体系、理论体系、话语体系，为坚定制度自信提供理论支撑”，[4]也有利于在“学科体系、学术体系、话语体系等方面充分体现中国特色、中国风格、中国气派”。[5] 在此意义上，就进一步彰显出对党领导立法进行有效的学术回应所具有的现实意义。

目前，学术界提出的学术回应较多，值得注意的有以下两种视角：

1. 宏观视角

这种视角力图对中国政治体制从宏观上进行归纳或解释。比如景跃进

[1] 同上书，第110页。
[2] 李林：《中国法理学的时代使命》，载《中国法律评论》2019年第3期。
[3] [美]乔纳森·特纳等：《社会学理论的兴起》，侯钧生等译，天津人民出版社2006年版，第37页。
[4] 习近平：《论坚持全面依法治国》，中央文献出版社2020年版，第267页。
[5] 《习近平谈治国理政》（第二卷），外文出版社2017年版，第338页。

等人提出的“党政体制”,它是“中国共产党领导的政治体制”的简称,反映了中国政治的结构性特征,是对中国政治经验现实的归纳和概括,作为官僚制的政党结构“嵌入”或“重组”国家/政府结构。[1]

2. 微观视角

这种视角力图对党组织领导立法现象进行归纳。比如韩丽通过对人大党组织在立法过程中的角色描述的基础上,将特定党的组织与立法机构之间的关系称为立法的“非正式性”。[2] 郭辉通过全国人大的特定党组织在立法过程中充任的各种角色,将这些党组织界定为“双重立法者”。[3] 肖滨和卜熙将地方党委书记兼任地方人大常委会主任归纳为三种模式,分别体现了“权威统合—灵活调适—有效治理”的功能特征,最终形成合力并统一服务于党的“一核统领”,对此,他们提出了“一核统领下的差异化格局”。[4] 冯亮和何俊志以党政体制为视角,认为地方立法体现了政治逻辑和技术逻辑的互动,政治逻辑是指回应本地党委、政府和民众的诉求,技术逻辑是回应上级人大的合法性审查,确保不与上位法相抵触,立法过程中两种逻辑的展开,人大与其他主体形成了良性互动。[5]

可以看出,宏观视角提醒读者,要理解包括中国立法在内的政治体制,不能仅仅将注意力集中于“国家/社会”框架,还应关注政党(中国共产党)的存在,必须“将政党带进来”[6]。也正因如此,“党领导立法”这个命题将传统上对立法研究侧重关注国家这一个中心焦点变成关注国家和政党这两个

---

〔1〕 景跃进、陈明明、肖滨主编:《当代中国政府与政治》,中国人民大学出版社 2016 年版,“导论”,第 6 页。

〔2〕 韩丽:《中国立法过程中的非正式规则》,载《战略与管理》2001 年第 5 期。

〔3〕 见本书第七章。

〔4〕 肖滨、卜熙:《一核统领下的差异化格局》,载《开放时代》2020 年第 3 期。

〔5〕 冯亮、何俊志:《人大立法中政治与技术逻辑的互动——以 G 省人大常委会立法过程为例》,载《学术研究》2018 年第 8 期。

〔6〕 景跃进:《将政党带进来——国家与社会关系范畴的反思与重构》,《探索与争鸣》2019 年第 8 期。

中心焦点,意味着在学术研究领域,政党从幕后走向前台。微观视角集中于党组织与立法的关系,在一定程度上凸显了党组织在实际立法运作中的具体角色,但不能覆盖党领导立法的其他方面。

五、余论

本章对“党领导立法”这个命题先进行分解,分别界定“法”“党”和“领导”,再将它们合并,进而与相关概念进行比较,以进一步明确该命题的准确含义,最后,从学术角度如何回应此命题提出了相应的思考方向。

在《法律的概念》(*the Concept of Law*)一书中,哈特“并不是要给法下一个绝对的定义,而是试图提出一个有关法、强制与道德这些相互联系又有明确区别的社会现象之间的理解。”[1]这一思路与斯威夫特(Adam Swift)较为相似,他指出,在理解一些政治概念时,为了减少争议,有必要区分概念(concept)和概念的不同面向(conception),前者是概念的总体结构,后者是该概念的具体说明(specifications)。在多数情况下,人们对概念的总体结构并无争议,之所以发生争议是因为对概念的具体说明所持不同。[2] 进言之,如果这些具体说明皆有清晰明确且无疑义的界定,则属于拉伦茨笔下“严格意义上的概念”[3],不过,这种情况事实上很难实现。

在同样意义上,人们对“党领导立法”这个概念本身不会有什么歧见,但对什么是“党”、什么是“领导”、该概念与相关概念之间的关系、从学术上如何理解这一概念等这些具体说明,所持不同,而导致众说纷纭、莫衷一是。在此背景下,本章对“党领导立法”到底是什么并没有也无意下一个明确的

---

[1] 《法理学》[最新不列颠法律袖珍读本(英汉对照)],张万洪、风值水译,武汉大学出版社2003年版,第124—125页。此处对译文有所改动。

[2] Adam Swift, *Political Philosophy* (third edition), Cambridge: Polity Press, 2014, p. 4.

[3] [德]卡尔·拉伦茨:《法学方法论》,陈爱娥译,商务印书馆2003年版,第95页。

定义(concept),仅对“党领导立法”的“不同面向”(conception)提出讨论,至于文中的这些面向是否正确或有待完善和改进,以及是否还有其他的面向(conception),尚有待学界同仁继续探讨,随着人们对这些不同面向(conception)的共识度的提升,也意味着对“党领导立法”在具体说明方面的争议渐趋消失。

第二编　实　践　篇

第三章 新民主主义革命时期中国共产党对工人权利的法律保障

工人阶级是我国的统治阶级，中国共产党是工人阶级的先锋队，“保障职工群众经济、政治、文化、社会权益是我国社会主义制度的根本要求，是党和国家的神圣职责，也是发挥广大职工群众积极性、主动性、创造性最重要最基础的工作。”〔1〕中国共产党早期领导工人运动的内容之一即争取工人的各项权利，在此后近一百年的历史发展中尤其是自新中国成立以来的七十多年，工人权利的保障和实现取得了巨大进展。学界对工人权利保障的研究在时间段上多集中于1949年以后，对1949年以前的研究多放在人权研究的框架下，〔2〕或置于工人运动的视野中，〔3〕

〔1〕《习近平强调竭诚服务职工群众维护职工群众权益为实现中国梦再创新业绩再建新功勋》，载《紫光阁》2013年第11期。

〔2〕例如，刘家贵：《新民主主义革命时期中国共产党人权建设成就及其启示》，载《求实》2014年第3期；康华茹：《新民主主义革命时期中国共产党对保障人民基本权利的认识与实践》，载《中州学刊》2021年第5期。

〔3〕例如，李玉赋主编：《新编中国工人运动史》，中国工人出版社2020年版；刘明逵、唐玉良主编：《中国工人运动史》，广东人民出版社1998年版。

对于1949年以前新民主主义革命时期工人权利的保障尚缺乏学术上的归纳和总结。习近平总书记指出，“要了解我们党和国家事业的来龙去脉，汲取我们党和国家的历史经验，正确了解党和国家历史上的重大事件和重要人物。这对正确认识党情、国情十分必要，对开创未来也十分必要。因为历史是最好的教科书。”〔1〕

在此意义上，本章尝试对新民主主义革命时期中国共产党对工人权利的保障做一个梳理。这一时期有关工人权利的保障多体现于中国共产党领导人著作和讲话形式的话语表达，以及由此形成的法律制度和政策文件之中。以这些材料为依据，本章将工人权利根据不同时期的侧重点分为政治权利、罢工权利、劳动权利和生存权利，通过综合运用话语表达、法律制度和政策文件对这些权利的保障进行描述和分析，最后，根据政策的变迁尝试总结出几点经验与启示。

一、中国共产党在成立至抗战前期对工人权利的保障

1921年7月中国共产党第一次全国代表大会确定“中国共产党”的名称，作为工人阶级的政党，〔2〕1922年的中共二大在分析中国国情的基础上，将帝国主义和封建军阀作为革命的对象，将工人、农民和小资产阶级作为革命的动力，通过民主革命打倒帝国主义和封建主义，进而实现社会主义和共产主义。由此决定了民主革命时期中国共产党必然通过各种方式来保障工人等群体的权利，从而为1924年至1927年党动员广大群众，并与国民党联合进行了的大革命提供了基本的前提。大革命失败后，中国共产党领导的人民革命处于艰苦的年代，革命的重点由城市转入农村，进入土地革命战争

---

〔1〕 习近平：《在中央党校建校80周年庆祝大会暨2013年春季学期开学典礼上的讲话》，人民出版社2013年版，第8页。

〔2〕 中共中央党史研究室：《中国共产党简史》，中共党史出版社2010年版，第9页。

时期。[1] 党根据变化了实际，对工人权利保障的侧重点进行相应的调整，对此前规定的政治权利进行一定程度的限制，对劳动权利进行了相应的细化。

(一)工人的政治权利

中国共产党成立之初，针对当时禁止罢工的法律制度，中国共产党通过各种方式与之斗争。早在1922年6月，《中共中央第一次对于时局的主张》便明确了"保障人民的结社、集会、言论、出版自由权，废止治安警察条例及压迫罢工的刑律"。[2] 1922年7月，中国共产党第二次全国代表大会通过宣言提出，"工人有无限制的选举权，言论、出版、集会、结社、罢工绝对自由。"[3]1922年8月，中国劳动组合书记部根据中国共产党二大的宣言精神，制定了《劳动法案大纲》，规定了"劳动者有集会、结社、同盟罢工……自由和权利"。[4] 1923年中共第三次全国代表大会通过的《中国共产党党纲草案》和《劳动运动决议案》强烈要求废止《治安警察条例》和压迫罢工的刑律。[5] 1927年2月20日中国共产党上海市执行委员会发布的《为总同盟罢工告上海市民书》第2条规定，"上海工人和市内一切人民有集会、结社、言论、出版、罢工的绝对自由"。[6]

这一时期的中国共产党在提倡工人权利的同时，还积极影响孙中山政府的劳动立法。1921年1月19日，孙中山在广州建立的军政府宣布废止《治安警察条例》，1922年3月14日，广州国会非常会议宣布废除《暂行新刑律》中限制工人罢工的条款。1922年2月，以孙中山为大总统的广州政府制

---

〔1〕 中共中央党史研究室：《中国共产党历史(第一卷：1921—1949)》(上册)，中共党史出版社2011年版，第79—80、107、225页。

〔2〕 张希坡：《中国最早的工会法考辨》，载《法学研究》1994年第6期。

〔3〕 张希坡、韩延龙主编：《中国革命法制史(1921—1949)》(下册)，中国社会科学出版社1992年版，第101—102页。

〔4〕 同上书，第101—106页。

〔5〕 同上书，第101—102页。

〔6〕 同上书，第101—112页。

定了“中国最早的工会法”——《工会条例》,尽管没有规定罢工条款,但随后在共产党人和国民党左派人士的努力下,1924 年广州军政府修订《工会条例》,新增罢工权。[1] 1925 年 5 月,第二次全国劳动大会“提出工人阶级目前迫切的政治要求是实现集会、结社、言论、出版、罢工的自由”。[2] 1926 年 5 月第三次全国劳动大会通过的《劳动法大纲决议案》“重申了《劳动法案大纲》提出的工人有集会、结社和罢工的自由”。[3]

中国共产党在一些地方夺取政权后通过的各种文件中大都确认了工人的上述权利,比如,1927 年 11 月的《江西省苏维埃临时政纲》、[4]1927 年 12 月的《广州苏维埃宣言》、[5]1929 年 10 月湘鄂赣边革命委员会颁布的《革命政纲》。[6] 在中央苏区,1930 年 9 月的《中华苏维埃共和国国家根本法(宪法)大纲草案》规定,“只有苏维埃政权能够保障劳动群众一切自由。它不只是在法律的条文之上规定言论、出版、集会、结社、罢工等自由,而且它用群众政权的力量取得印刷机关(报馆、印刷厂等),开会场所等,在事实上保障劳动群众取得这些自由的物质基础。”[7]这里的劳动群众自然包括工人。

上述工人权利亦规定于相关劳动立法之中。比如 1926 年 12 月湖南全省总工会第一次代表大会制定的《劳工保护法草案》强调“工人有集会、结社、言论、出版、罢工的权利”。[8] 1930 年 3 月的《闽西第一次工农兵代表大

---

[1] 张希坡:《中国最早的工会法考辨》,载《法学研究》1994 年第 6 期。

[2] 张希坡、韩延龙主编:《中国革命法制史(1921—1949)》(下册),中国社会科学出版社 1992 年版,第 104 页。

[3] 同上书,第 109 页。

[4] 韩延龙、常兆儒编:《中国新民主主义革命时期根据地法制文献选编》(第一卷),中国社会科学出版社 1981 年版,第 28—29 页。

[5] 同上书,第 20 页。

[6] 张希坡、韩延龙主编:《中国革命法制史(1921—1949)》(下册),中国社会科学出版社 1992 年版,第 113 页。

[7] 张西坡编著:《革命根据地法律文献选辑》(第二辑·上卷),中国人民大学出版社 2017 年版,第 103—104 页。

[8] 张希坡、韩延龙主编:《中国革命法制史(1921—1949)》(下册),中国社会科学出版社 1992 年版,第 111 页。

会劳动法》第一章开头规定,"工人有组织工会、言论、集会、出版、罢工之自由权。"[1]1931 年 2 月的《苏维埃第一次全国代表大会劳动法草案》第 51 条规定,"苏维埃法律保证职工会的行动自由,宣布并领导罢工权,交涉并宣布合同权等。"[2]1931 年 11 月中华工农兵苏维埃第一次全国代表大会通过的《中华苏维埃共和国劳动法》第 59 条规定,"苏维埃保障职工会的行动自由,有宣布并领导罢工之权,代表工人交涉,并签订合同之权。"[3]两年后,修订的《中华苏维埃共和国劳动法》(1933 年 10 月 15 日颁布)第 108 条仍然规定了职工联合会及所属各分会均有"宣布并领导罢工"等权。[4]

(二)根据地限制罢工权的行使

中国共产党成立后的一段时期内,领导人普遍认为,在大城市使用罢工手段有利于革命,按刘少奇 1932 年的说法,"赤色工会必须努力求得罢工斗争的胜利结束……因此学习最近的经验,研究敌人破坏罢工的方法,研究罢工的策略,是目前每个觉悟的工人应有的责任"。[5] 不过,随着根据地的不断创建,此前有关罢工的法律在根据地范围内适用的时间并不长,原因是该制度"仍然主要是按大城市工人阶级的状况和要求制定的,仍然没有顾及苏区处在经济落后的农村和残酷战争环境的实际情况",[6]结果"给苏区的经济秩序乃至革命战争带来了不良后果","因为在工农劳动群众已经掌握政权的情况下,工人完全可以通过革命政权的力量维护自身的利益,搞所谓总

---

〔1〕 韩延龙、常兆儒编:《中国新民主主义革命时期根据地法制文献选编》(第四卷),中国社会科学出版社 1981 年版,第 616 页。

〔2〕 同上书,第 566 页。

〔3〕 同上书,第 578 页。

〔4〕 同上书,第 607 页。

〔5〕 中共中央文献研究室、中华全国总工会编:《刘少奇论工人运动》,中央文献出版社 1988 年版,第 71—72 页。

〔6〕 刘明逵、唐玉良主编:《中国工人运动史》(第 4 卷),广东人民出版社 1998 年版,第 397 页。

同盟罢工无论在经济上还是政治上都是有害无益的。"[1]具体表现为,"私人企业倒闭,工人失业,引起师徒对立,增加工农矛盾,影响国营企业和合作事业的发展",同时,该政策"忽视了工人阶级的整体利益和长远利益;没有把长远的奋斗目标同当前的具体政策加以区别;没有把在国民党统治区大城市的工人斗争纲领同农村革命根据地的现行劳动政策加以区别;也没有很好地区分国营企业和私人企业中劳动政策的原则界限"。[2] 对此,陈云在1933 年 4 月指出,"这种总同盟罢工,不但是斗争方式上的错误,而且是政治上的极大错误"。[3]

在刘少奇看来,工人"在以前是为地主资本家工作,现在是头一次为着自己工农劳苦大众而工作"。[4] 因此,"在苏维埃区域中,赤色工会是推动和巩固苏维埃政权的群众基础和推动的力量",[5]苏区工会"是苏维埃最重要的群众柱石,是党的路线在农村中最可靠的传达者和组织者""要使党与苏维埃的各种政策在苏区得到深入的彻底的执行,都必须把苏区内的工人、雇农广泛的组织到工会之内,建立苏区真正群众的阶级工会。这应该看作是党的最基本的工作。"[6]具体而言,工会在陕甘苏区的基本任务包括"一、组织真正群众的阶级工会;二、努力改善工人群众的经济生活与文化生活;三、在进行上述二项不断的群众工作中,发动与引导广大的工人群众来积极参加苏维埃与红军的建设"。[7]

取得政权前后工会任务的变化,决定了罢工在根据地不是维护工人的

---

〔1〕 张希坡、韩延龙主编:《中国革命法制史(1921—1949)》(下册),中国社会科学出版社 1992 年版,第 144 页。

〔2〕 法学教材编辑部、《中国法制史》编写组:《中国法制史》,群众出版社 1982 年版,第 475 页。

〔3〕《陈云文选》(第一卷),人民出版社 1995 年版,第 1 页。

〔4〕 中共中央文献研究室、中华全国总工会编:《刘少奇论工人运动》,中央文献出版社 1988 年版,第 172 页。

〔5〕 同上书,第 185 页。

〔6〕 同上书,第 185—186 页。

〔7〕 同上书,第 187 页。

手段，“工会应教育工人，现在的苏维埃工厂，不是资本家剥削者的工厂，不是为剥削工人而设立并生产的，是为着革命战争与全体劳动阶级所共有的工厂，是为着革命战争与全体劳动阶级的解放和利益而生产”“因此工会要号召工人为国有企业增加生产，增加工作速度，改善工作技术，节省工厂的材料。因为这不是为着阶级敌人，而是为劳动者自己”，当工人与工厂之间发生矛盾时，“工会应该与工厂负责人经常用协商的办法来满足工人的要求。”[1]

（三）工人的劳动权利

1930年全国苏维埃区域代表大会通过的《劳动保护法》对工作时间、休息时间、工资、女工及未成年人劳动权利保护、劳动保障、工会、社会保险、劳动监察已有明确规定。例如，工作时间上规定成年人实行八小时工作制、未成年人工作时间不得超过六小时。休息时间方面要求每周休息至少四十二小时且工资照给，革命纪念日和节日应停工休息且工资照给，工人连续工作超过半年者，每年休假至少两周且工资照给。工资方面规定了最低工资、不得拖欠工资，取消包工制。对女工和未成年人保护方面，规定未满十六岁的男女工人禁止雇佣，废除学徒制度，男女同工同酬，对女性产期、经期、哺乳期进行规定且工资照给。在社会保险方面，规定了对工人失业、疾病、死亡及其他临时救助事项，并将办理社会保险的权力赋予工会机关。[2] 1931年11月颁布的《中华苏维埃共和国劳动法》除进一步确认禁用包工制、八小时工作制、休息休假、女工青工童工保护外，还对集体合同、劳动合同的签订与效力、苏维埃职工会的各种权利、解决劳资冲突的机关和方

---

〔1〕 中共中央文献研究室、中华全国总工会编：《刘少奇论工人运动》，中央文献出版社1988年版，第190页。

〔2〕 韩延龙、常兆儒编：《中国新民主主义革命时期根据地法制文献选编》（第四卷），中国社会科学出版社1981年版，第546—550页。

式进行了规定。[1]

经过一年半的实施,在总结既有经验(例如,部分条文不适合苏区实际环境而无法实施或执行中出现困难,有些事项没有规定)的基础上,1933 年 10 月中华苏维埃共和国颁布了经修订的《中华苏维埃共和国劳动法》,与此前劳动法相比,该法除对各种劳动权利的保护更加明确和细化外,还规定,遇有特别事情发生,中央人民委员会得到中华全国总工会的同意,在一定限期内颁布特别法而不适用本法;对于农业工人、季候工人、乡村手艺工人、苦力、家庭仆役及其他有特殊劳动条件的工人,仅适用本法一般规定。对集体合同与劳动合同,其条件如果比该法规定的条件较为恶劣,则不发生效力。[2] 如果说,上述劳动法是从积极方面规定了工人的劳动权利,1933 年 10 月颁布的《中华苏维埃共和国违反劳动法令惩罚条例》则从消极方面对违反劳动法令的雇主进行了各种惩罚措施,这些措施包括罚款、最高三个月以上的强迫劳动和监禁。[3]

(四)这一时期政策的影响

这一时期,党通过一系列政策对工人各种权利的保障并实行一系列的措施进行落实,使得广大工人认识到谁才是自己真正的利益代表者,从而对党的政策产生认同,在党的领导下,全力进行反帝反封建的斗争。大革命失败后,党适时转变保障工人权利的策略,对于根据地政权的稳固具有重要意义,为全民族抗日战争和解放战争时期制定工人权利保障政策提供了经验和参考。对苏区的工人而言,在党的领导下,“建立了自己的苏维埃政权,获得了土地、工作与自由,真实的改善与提高了经济的、文化的生活,整个的力

---

〔1〕 韩延龙、常兆儒编:《中国新民主主义革命时期根据地法制文献选编》(第四卷),中国社会科学出版社 1981 年版,第 569—582 页。

〔2〕 同上书,第 585 页。

〔3〕 同上书,第 610—612 页。

量与热忱卷入建设新的工农民主专政的国家建设工作之中，卷入于神圣的保卫苏维埃领土的革命战争之中”。[1]

二、党在全民族抗日战争时期对工人权利的保障

1937年7月7日，日本侵略者发动了全面侵华战争，中国进入了全民族抗日战争时期。这一时期，“‘抗日高于一切’，民主民生均在其次”，[2]但并不意味着不要民主民生，中国共产党仍然通过各种形式和途径尽力保障工人的各项权利。比如1937年的洛川会议通过的《中共中央关于目前形势与党的任务的决定》就批评了国民党实行片面抗战路线，不给人民以抗日所必需的民主自由权利，该《决定》指出，不改善工农大众的生活，必然会招致严重的失败。《陕甘宁边区抗战时期施政纲领》《陕甘宁边区施政纲领》以及其他抗日根据地政权发布的政策皆对工人的政治权利进行了规定。在民生领域，洛川会议通过的《中国共产党抗日救国十大纲领》的第七项便是“改良人民生活”。[3] 在此背景下，抗日根据地工人的民主民生权利皆获得了相应保障。

(一)工人的生存权

抗日战争期间，尤其是进入持久阶段后，各根据地面临严重的经济困难，对此，中国共产党通过多种方式来保障工人的生存权，比如，1940年《中央关于各抗日根据地劳动政策的初步指示》中要求“各根据地采取在政治、

---

〔1〕 中共中央文献研究室、中央档案馆编：《建党以来重要文献选编》(第十一册)，中央文献出版社2011年版，第36页。

〔2〕《毛泽东文集》(第二卷)，人民出版社1993年版，第52页。

〔3〕 中共中央党史研究室：《中国共产党历史(第一卷：1921—1949)》(下册)，中共党史出版社2011年版，第476页。

经济、文化各方面改善工人阶级的生活地位”。[1] 1941 年 11 月通过的《陕甘宁边区施政纲领》规定,要“适当地改善工人生活”,[2]1942 年 7 月刘少奇在写给中央华北局、新四军负责人陈毅等人的信中说,“如果根据地内的人民负担过重,超过了人民所能负担的能力……我们就要切实减轻人民的负担,把负担减轻到中央所指定的限度……如果人民负担的能力,不够养活我们的话,那我们就应实行严格的精兵简政。”[3]具体而言,除了适当增加工资、[4]改善雇工待遇[5]外,中国共产党领导下的工会组织在积极组织工人发展生产的基础上,通过各种方式改善工人生活,减轻雇主对工人的剥削压迫。[6] 对于工厂管理者而言,“在可能条件之下,应该把工人的文化生活、物质生活都搞好,使他们安心工作。”[7]

(二)工人的政治权利

这一时期中国共产党对工人政治权利的保障包括选举权和被选举权、言论、出版、集会、结社、信仰等方面。在选举权和被选举权方面,为体现抗日统一战线的要求,1940 年《抗日根据地的政权问题》对选举权和被选举权规定为,“凡年满十八周岁的赞成抗日和民主的中国人,不分阶级、民族、男女、信仰、党派、文化程度,均有选举权和被选举权。”[8]在其他政治权利方面,1939 年 4 月陕甘宁边区政府颁布的《陕甘宁边区抗战时期施政纲领》第 8 条规定,“保障人民言论、出版、集会、结社、信仰、居住、迁徙与通信之自

---

〔1〕 张西坡编著:《革命根据地法律文献选辑》(第三辑),中国人民大学出版社 2018 年版,第 43 页。
〔2〕《毛泽东文集》(第二卷),人民出版社 1993 年版,第 336 页。
〔3〕《刘少奇选集》(上卷),人民出版社 1981 年版,第 224 页。
〔4〕 同上书,第 229 页。
〔5〕 同上书,第 283 页。
〔6〕 中国工运研究所编写组编:《中国工会简史》,中国工人出版社 2020 年版,第 56 页。
〔7〕《刘少奇选集》(上卷),人民出版社 1981 年版,第 305 页。
〔8〕 中共中央文献研究室、中央档案馆编:《建党以来重要文献选编》(第十七册),中央文献出版社 2011 年版,第 171 页。

由。”1941 年 11 月的《陕甘宁边区施政纲领》第 6 条规定，“保证一切抗日人民（地主、资本家、农民、工人等）的人权、政权、财权及言论、出版、集会、结社、信仰、居住、迁徙之自由权”，[1] 该条重申了《陕甘宁边区抗战时期施政纲领》第 8 条的规定。

对此，其他抗日根据地亦作如是规定。例如 1941 年 9 月的《晋冀鲁豫边区政府施政纲领》规定，“一切抗日党派、团体、人民均享有集会、结社、言论、出版、居住、信仰之自由。”[2] 1943 年 1 月的《晋察冀边区施政纲领》第 6 条规定，“一切抗日人民有言论、集会、出结、社版、信仰及居住自由。”[3] 1942 年 10 月的《对于巩固与建设晋西北的施政纲领》第 4 条规定，“保障一切抗日的人民之人权、地权、财权及言论、出版、信仰、居住之自由权。”[4] 1943 年 8 月的《山东省战时施政纲领》规定，“保障一切抗日人民言论、出版、集会、结社、思想、信仰之自由，保障一切抗日党派、抗日团体之政治自由及合法权利。”[5]

（三）工人的劳动权利

工人的劳动权利可从两个方面进行理解，一方面，该时期的劳动立法继续确认工人的劳动权。比如，从消极角度，一切欺压虐待工人的行为都受到法律的禁止，[6] 从积极角度，1942 年 12 月的一项政策中规定了工资制度和奖励制度，该政策规定，为鼓励劳动积极性，应以计件累进工资制代替平均主义薪给制，同时，“工厂应奖励最有成绩的工人与职员”，虽然“军工生产暂

---

[1] 韩延龙、常兆儒编：《中国新民主主义革命时期根据地法制文献选编》（第一卷），中国社会科学出版社 1981 年版，第 32、35 页。

[2] 同上书，第 44 页。

[3] 同上书，第 38 页。

[4] 同上书，第 51 页。

[5] 同上书，第 54 页。

[6] 中共中央文献研究室、中央档案馆编：《建党以来重要文献选编》（第十九册），中央文献出版社 2011 年版，第 265 页。

时不能实行计件工资制,亦应有计件奖励制度”。[1] 1943 年 7 月的《中共中央为抗战六周年纪念宣言》在总结六年抗战的经验中提到,抗日根据地“实行了奖励生产同时又保护工人的劳动政策”。[2] 另一方面,根据抗战需要,对劳动权进行了相应调整,比如在工作时间上,《陕甘宁边区劳动保护条例(草案)》规定,工人为帮助抗战需要,自愿多做义务工作者,可以不受八小时时间限制;将青工的年龄规定为十四岁至十八岁。[3] 鉴于抗日根据地的主要任务是发展生产,减少矛盾,联合抗战,对付主要敌人,因此,在抗日民主政权下,尽量兼顾各方面利益,如 1941 年 9 月的《晋冀鲁豫边区政府施政纲领》规定,“劳工应遵守劳动纪律,自动增加生产。职工会除保护劳工利益外,应从政治上教育工人,提高生产热忱”,“在劳资合同有效期内,劳资双方均应遵守,不得随意破坏。”[4] 如果劳资双方发生冲突,“注意使工农的要求能够满足,同时又照顾到抗日的地主与资本家的利益”。[5] 再如 1942 年 4 月《中共中央对晋东南抗日根据地职工运动的指示》要求,应以“劳资双方平均能获益为原则”,“根据具体事实,进行调解,必要时请求政府仲裁。”[6] 在一些根据地,亦制定相应规定,比如《晋察冀边区奖励生产技术条例》(1941 年 7 月)、《晋冀鲁豫边区优待专门技术干部办法》(1941 年 11 月)、《晋西北奖励生产技术暂行办法》(1941 年 11 月)、《晋西北优待专门技术干部办法》(1942 年 1 月)、《晋察冀边区优待生产技术人员暂行办法》(1942 年 3 月)等。

[1] 《毛泽东文集》(第二卷),人民出版社 1993 年版,第 464 页。
[2] 《毛泽东文集》(第三卷),人民出版社 1996 年版,第 44 页。
[3] 韩延龙、常兆儒编:《中国新民主主义革命时期根据地法制文献选编》(第四卷),中国社会科学出版社 1981 年版,第 643—644 页。
[4] 韩延龙、常兆儒编:《中国新民主主义革命时期根据地法制文献选编》(第一卷),中国社会科学出版社 1981 年版,第 46—47 页。
[5] 《刘少奇选集》(上卷),人民出版社 1981 年版,第 174 页。
[6] 张希坡编著:《革命根据地法律文献选辑》(第三辑),中国人民大学出版社 2018 年版,第 173 页。

（四）这一时期政策的影响

全民族抗日战争开始后，中日之间的形势决定了这场战争的“持久战”性质，“持久战的基础在于广大民众”，在于“动员民众”“调动全军全民的最大积极性以支持战争”。[1] 在此背景下，党领导下的抗日民主根据地在工人权利保障方面出台的一系列政策措施，对于保护工人生存权、实现政治权利，实现民主自由提供了制度保障，从而提升了广大工人群众参加抗战的积极性，尤其是投身于根据地的经济建设，而“没有根据地的经济建设，要支援抗日战争、改善人民生活和巩固抗日民主政权，都是不可能的”。[2]

三、党在解放战争时期对工人权利的保障

抗日战争结束后，中国共产党一方面根据人民对和平安定的根本愿望，主张团结一切爱国民主力量，将中国建成独立、自由、民主、统一、富强的新国家。[3] 另一方面，面对国民党挑起内战的种种举措，在开展谈判的同时，要求解放区军民坚持自卫原则，并采取诸多措施，加强并巩固解放区的建设。[4] 加上随着解放区范围的不断扩大，尤其是中国共产党对一些城市的接管，辖区内的工人数量亦随之增多，在此背景下，党对工人权利的保障除延续此前的内容外，也出现了一些新的规定，例如，进一步突出工人在政权机关中的比例，强调“劳资两利”、防止过“左”政策的出现等。

---

〔1〕 中共中央党史研究室：《中国共产党历史（第一卷：1921—1949）》（下册），中共党史出版社2011年版，第512页。

〔2〕 同上书，第597页。

〔3〕 同上书，第673页。

〔4〕 同上书，第706页。

(一)工人的政治权利

解放战争时期的法律对工人各种政治权利同样予以确认。比如,1945年9月的《晋察冀边区行政委员会施政要端》规定,“各界人民,除汉奸特务外,均有言论、集会、结社、出版、信教、居住自由及政治权利。”[1]1945年12月的《苏皖边区临时行政委员会施政纲领》规定,“保障人民的人权、财权及公民权,凡爱好和平、赞成民主之各阶层人民及各党派人士,都有言论、出版、集会、结社、信仰及居住之自由。”[2]1946年4月的《陕甘宁边区宪法原则》规定,人民享有“政治上各项自由权利”。[3] 1946年8月的《东北各省市(特别市)民主政府共同施政纲领》规定,“保障东北人民的人身、言论、出版、集会、结社、思想、宗教、信仰、选举、居住、迁徙与职业的自由。”[4]1947年4月的《内蒙古自治政府施政纲领》规定,“内蒙古自治政府确保人民享有身体、思想、宗教、信仰、言论、出版、集会、结社、居住、迁徙、通讯之自由。”[5]1948年8月的《华北人民政府施政方针》规定,“保障人民的言论、出版、集会、结社、信仰、迁徙、旅行等自由。”[6]上述文件中的“人民”显然包括工人在内。

尽管中国共产党领导下的民主政权的工业发展很快,但人口中多数为农民,工人占比很小,据邓发1945年1月作为解放区工会代表出席世界工会代表大会时使用的一份材料透露,“根据一九四四年以前不完整的统计,中

---

〔1〕 韩延龙、常兆儒编:《中国新民主主义革命时期根据地法制文献选编》(第一卷),中国社会科学出版社1981年版,第62页。
〔2〕 同上书,第64页。
〔3〕 同上书,第60页。
〔4〕 同上书,第67—68页。
〔5〕 同上书,第69页。
〔6〕 同上书,第81页。

国解放区之职工会会员，共在八十万人以上。”[1]在农民占人口绝大多数而工人占人口少数的背景下，出现了政权机关仅代表农民不代表工人的说法，针对这种观点，中共中央在1948年1月的一份指示中说，“尽管现在各解放区是农民占绝大多数，但是必须顾到工人及其他各阶层民众”，“边区最高政权机关是边区人民代表大会及其选出的政府，而不是农民代表大会及其选出的政府。”[2]新中国成立前夕，中共中央对各中央局即将召开的县各界代表会议的要求中指出，县的各界代表会的成分，应包括工人的代表。[3]

(二)工人的劳动权利

这一时期在生产方面的政策是“发展生产、繁荣经济”，对工人劳动权利的保障主要是实现基本劳动权的同时，防止出现过“左”的行为。所谓过“左”的行为，是指随着解放战争日趋胜利，实践中不断出现了对工人权利要求过高的倾向。其实，在抗日战争时期，中央已经通过相应规定进行规制，例如1940年12月的《中共中央关于各抗日根据地劳动政策的初步指示》便警告劳动政策中出现的过“左”情况，[4]当月13日中央再次下发文件要求根据地力戒劳动政策过左。[5]

在解放战争过程中，中央要求，在适当改善工人生活的要求下，通过劳资合作，实现两利，防止只顾工人暂时片面利益的过“左”倾向，[6]1946年3月，毛泽东在《中共中央关于解放区经济建设的几项通知》中专门加了一条，

[1] 张希坡编著:《革命根据地法律文献选辑》(第三辑)，中国人民大学出版社2018年版，第101页。

[2] 《毛泽东文集》(第五卷)，人民出版社1996年版，第33页。

[3] 同上书，第340页。

[4] 张希坡编著:《革命根据地法律文献选辑》(第三辑)，中国人民大学出版社2018年版，第43页。

[5] 《毛泽东文集》(第二卷)，人民出版社1993年版，第320页。

[6] 《毛泽东文集》(第四卷)，人民出版社1996年版，第101—102页。

即劳资关系要采取合作的方针,工人的福利要求不能过火。[1] 这一政策为解放军占领大城市后对出现的过"左"倾向进行及时处理提供了依据。例如解放军占领长春后,毛泽东在给彭真等人的信中强调,"工人工资及其他劳动条件切不可提得过高,必须采取劳资合作、发展生产、繁荣经济、劳资两利的政策,绝不可只顾工人暂时片面利益,结果害了自己。"[2] 根据薄一波1948年给毛泽东的报告,实践中因工人的高工资使得不少"资方赔垮关门",薄一波提出的解决措施是,"目前的高工资必须压低,工资由劳资双方自由规定,不提增资减时口号",毛泽东要求"各地参照办理"。[3]

上述政策体现在劳资纠纷的解决方面,不少法律规定,应通过和平的方式进行,从而实现劳资合作、发展生产。如前述《苏皖边区临时行政委员会施政纲领》规定,"工人与雇工要执行劳动纪律与提高生产效率,以期调剂东佃劳资关系"。[4] 《东北各省市(特别市)民主政府共同施政纲领》规定,"提倡劳资合作,发展生产,繁荣经济,保障资本家的正当利润"。[5] 《华北人民政府施政方针》规定,遵循"发展生产、繁荣经济、公私兼顾、劳资两利的总方针,努力发展工商业。……人民政府应重申坚决保护工商业不得侵犯的政策"。[6]

针对仍然有一部分人持有通过罢工解决劳资纠纷的想法,1948年2月毛泽东在《反对职工运动中的"左"倾冒险主义》的社论中要求坚决纠正这种思想,他明确指出,"直到现在,中国共产党内,还有不少的党员,不少的干部,不少的工会工作人员,甚至有不少的担负高级领导职位的领导人员……

[1] 中共中央文献研究室、中央档案馆编:《建党以来重要文献选编》(第二十三册),中央文献出版社2011年版,第178页。

[2] 《毛泽东文集》(第四卷),人民出版社1996年版,第108—109页。

[3] 《薄一波文选》,人民出版社1992年版,第68、71、73页。

[4] 韩延龙、常兆儒编:《中国新民主主义革命时期根据地法制文献选编》(第一卷),中国社会科学出版社1981年版,第65页。

[5] 同上书,第67页。

[6] 同上书,第76—77页。

只知道片面的、狭隘的、近视的所谓'工人利益'……他们忘记了一九三一年至一九三九年时期内实行过的那种'左'倾冒险主义的工业政策与职工运动路线曾经给予工人阶级、劳动人民与革命政府以何等重大的损害"，对于工人应有的工作态度，他要求，"其他劳动条件亦不可定得太高，不可违背经济情况所许可的态度，不可违背发展生产、繁荣经济、公私兼顾、劳资两利的总原则"。[1] 这些话语、法律和政策规定表面上似乎是"限制"了工人的权利，其实恰恰是通过纠正过"左"政策的方式，在实质上维护和保障了工人权利。

（四）这一时期政策的影响

这一时期对工人权利的保障政策一方面巩固了解放区的民主政权，为解放战争的胜利打下了良好的基础。另一方面，不少政策被新中国成立后的法律和政策所吸收，例如，工人的一系列政治权利、劳动权利在 1949 年以后得以延续，相应地，1949 年以后一些保障工人权利的过"左"政策亦减少了发生的概率。

四、党在新民主主义革命时期对工人权利保障政策变迁的经验与启示

通过对新民主主义革命时期中国共产党工人权利保障政策变迁的简要勾勒，可以总结出以下几点经验与启示。

（一）保障工人权利始终是中国共产党的初心与使命

通过上述梳理，可以看出，不论是在中国共产党成立之初，还是在大革命时期、土地革命时期、抗日战争时期以及解放战争时期，中国共产党始终

---

〔1〕《毛泽东文集》（第五卷），人民出版社 1996 年版，第 48、49 页。

将自己定性为工人阶级的先锋队，通过话语表达、法律制定、政策落实等多种方式，在明确工人的各种权利的前提下，根据实际情况进行调整，将工人的各种权利变成现实，这可视为中国共产党诞生之初便拥有的初心与使命。新中国成立后，这一初心与使命始终未变，一直延续至今。同时，它也为“不能用改革开放后的历史时期否定改革开放前的历史时期，也不能用改革开放前的历史时期否定改革开放后的历史时期”[1]提供了注脚。

（二）理解工人权利保障政策的变迁应结合特定的时代背景进行

经济基础决定上层建筑，社会存在决定社会意识，这是马克思主义的基本原理。这一原理决定了在新民主主义的不同时期，有关工人权利保障的政策既有不变的一面，也有变的一面。“不变”的一面是指，中国共产党作为工人阶级的一部分，不论时代发生何种变化，始终将维护和保障工人权利作为自己制定政策的主要出发点。“变”的一面是指，随着时代变迁，保障工人权利的政策不可能一成不变，在不同时代，会进行相应的调整，同样的政策在不同时期注定会有一定程度的差异，这种差异表现在同样的权利在这一时期有规定，而在其他时期有可能受到限制甚至取消。而要理解这一点，必须结合当时的经济、政治、社会背景进行考量。

（三）树立“工人阶级地位和作用不容动摇、不容忽视”的理念

中国共产党始终将自己视为工人阶级的先锋队，新民主主义革命不同时期党对工人权利的保障政策对于工人阶级的壮大并在党领导下推翻帝国主义、封建主义和官僚资本主义并解放全中国厥功至伟。“了解历史，才能看得远；永葆初心，才能走得远”，[2]在新时期，针对工人阶级在我国社会经济发展中的地位和作用的不同看法，习近平总书记指出，“不论时代怎样变

[1] 习近平：《论中国共产党历史》，中央文献出版社 2021 年版，第 4 页。
[2] 同上书，第 261 页。

迁，不论社会怎样变化，我们党全心全意依靠工人阶级的根本方针都不能忘记、不能淡化，我国工人阶级地位和作用都不容动摇、不容忽视”。[1]“学史明理、学史增信”，在此意义上，本章通过回顾和梳理新中国成立前的这段历史，对于树立“工人阶级地位和作用不容动摇、不容忽视”的理念具有重要的理论意义和现实意义。

---

〔1〕习近平：《在庆祝“五一”国际劳动节暨表彰全国劳动模范和先进工作者大会上的讲话》，人民出版社2015年版，第11页。

第四章　党纪是如何成为国法的？

——以《中华人民共和国惩治贪污条例》为例

在法理学上，有关党内法规与法律之间的关系，处于政策与法律的知识框架下，党内法规属于党的政策范畴，是法律的非正式渊源，通过立法程序，党内法规可以转化为法律，体现了“善于使党的主张通过法定程序成为国家意志”。[1] 但党内法规毕竟不同于法律，因为二者不论是在意志属性还是在表现形式、实施方式、保障方式、稳定性程度、程序化程度方面都有很大的区别。[2] 党的十八届四中全会将党内法规作为中国特色社会主义法治体系的重要组成部分后，该词语成为学界的研究热点，比如，党内法规的性质，党内法规是否是法，党内法规与法律之间的衔接，等等。不过，党内法规是如何形成的，它为何要转化成为法律，转化的过程是怎样的，其中党的作用如何发挥？这些问

---

〔1〕《中共中央关于全面推进依法治国若干重大问题的决定》，人民出版社 2014 年版，第 5 页。

〔2〕朱景文主编：《法理学》(第 4 版)，中国人民大学出版社 2021 年版，第 149—150 页。

题似乎并没有受到应有的重视。本章以《中华人民共和国惩治贪污条例》为例，试图对此进行回答。之所以选择该法出于三点考虑：第一，该法产生于新中国成立初期，在那个时代，对于治国理政而言，党和国家领导人已认识到法律的重要作用并开始逐步实行，更为重要者，该法的产生过程体现了这个时代所强调的党领导立法；第二，由于党内法规的产生及转化为法律的过程涉及的诸多史料，其公开往往需要一个过程，因此，越是久远的法律，相关的可见史料越是丰富，比如，可以从公开出版的党和国家领导人的讲话、年谱、传记中看到《中华人民共和国惩治贪污条例》的产生过程；第三，以该法为个案，从具体的动态视角探讨其产生过程对进一步厘清党内法规和法律之间的一体同源、实践中的功能互补、产生过程中党的领导作用具有重要意义。

一、反贪污成为党内法规

《中华人民共和国惩治贪污条例》与新中国成立初期的“三反”运动有关。按照彭真的说法，尽管“三反”运动在性质上属于“依靠广大人民群众，在毛主席、中央人民政府和工人阶级领导下，清洗旧社会遗留下来的污毒的一次伟大的群众运动”，[1]但本章不打算探讨其政治性质，而是以“三反”运动中的“反贪污”为例，梳理反贪污成为党内法规的形成过程，在此基础上，提出党内法规转化为法律的基本程序和特点。

1949 年 3 月中共七届二中全会强调两个务必，即“务必使同志们继续地保持谦虚、谨慎、不骄、不躁的作风，务必使同志们继续地保持艰苦奋斗的作风”。同年 9 月 29 日颁布的《共同纲领》第 18 条规定：“中华人民共和国的一切国家机关，必须厉行廉洁的、朴素的、为人民服务的革命工作作风，严惩

---

〔1〕《彭真文选》，人民出版社 1991 年版，第 229 页。

贪污,禁止浪费,反对脱离人民群众的官僚主义作风。”这说明,新中国成立前夕,共产党已经开始强调对贪污要保持警惕,并将其体现在法律文件中,但是,对贪污行为的具体处理方式,并没有明确的实施细则。

新中国成立半年后,贪污现象逐渐滋长并开始受到中央重视。1950 年 5 月 1 日《中央关于整党的指示》中就明确指出很多党员中存在着“贪污腐化”的现象。〔1〕同年 5 月 18 日,彭真在一次报告中指出,“最近两个多月,市委在党内进行了初步检查,就发觉党员干部中有一百八十二人贪污、腐化或违反政策,其中一百五十多人已经受到党纪和行政的处分”。〔2〕据《董必武年谱》记载,5 月 19 日,为制止和处理违反预算制度,滥支与贪污农村救济款事,董必武代中共中央草拟的电稿着重指出,“为了顺利地完成政府各项工作任务,必须按照财政归口原则,执行预算制度。对于滥支与贪污现象必须制止。对其中情节严重的并加以严肃处理”。〔3〕此时的贪污主要限于财政预算领域。

1951 年 11 月 1 日,《关于开展增产节约运动,进一步深入反贪污、反浪费、反官僚主义斗争的报告》强调了贪污领域的广泛性,范围上已超出了财政领域。报告中还提到贪污的严重性以及通过斗争的处理方式。该报告使毛泽东认识到,应将反贪污作为一个运动进行处理,于是,便有了毛泽东在 19 天后转发该报告并起草中共中央发至省级党政军组织和中央人民政府各部门党组的批语:“中央认为这个报告是正确的。请你们重视这个报告中所述的各项经验,在此全国规模的增产节约运动中进行坚决的反贪污、反浪费、反官僚主义的斗争。在展开这个运动和这些斗争之后,每一部门都要派

〔1〕中国人民解放军国防大学党史党建政工教研室编:《中共党史教学参考资料》(第十九册),国防大学出版社 1986 年版,第 130 页。

〔2〕《彭真文选》,人民出版社 1991 年版,第 193 页。

〔3〕《董必武年谱》编纂组编:《董必武年谱》,中央文献出版社 1991 年版,第 368—369 页。

出必要的检查组检查所属的情况，总结经验，向上级和中央做报告。”[1]

11月30日，毛泽东转发邓小平关于西南区党政军三个会议情况的报告所起草的中共中央批语中指出，“第三项所提反贪污反浪费一事实是全党一件大事，自从东北局揭露大批的贪污犯以后，我们已告诉你们严重地注意此事。我们认为需要来一次全党的大清理，彻底揭露一切大中小贪污事件，而着重打击大贪污犯，对中小贪污犯则取教育改造不使重犯的方针，才能停止很多党员被资产阶级所腐蚀的极大危险现象，才能克服二中全会所早已料到的这种情况，并实现二中全会防止腐蚀的方针，务请你们加以注意。”[2]此时，毛泽东已决定将反贪污行为推及“全党”，其方式仍然是揭发式的运动，而至于“着重打击”的具体方式是什么，似乎还未成为问题。而刘青山、张子善事件的处理给该问题的解决提供了一个思路。

1951年11月，刘青山、张子善被揭发，11月29日，华北局第一书记薄一波、第三书记刘澜涛将刘、张贪污案调查处理情况向中央报告，毛泽东在起草中央给各中央局并转发分局、省市区党委的批语中指出，“华北天津地委前书记刘青山及现书记张子善均是大贪污犯，已经华北局发现，并着手处理，我们认为华北局的方针是正确的。这件事给中央、中央局、分局、省市区党委提出了警告，必须严重地注意干部被资产阶级腐蚀发生严重贪污行为这一事实，注意发现、揭露和惩处，并须当做一场大斗争来处理。……望你们注意发现所属的同类事件而及时加以惩处。”[3]但是，华北局在报告中也仅仅是“决定逮捕法办”，至于怎么“法办”，并没有提。因此，12月1日，毛泽东起草中共中央致薄一波、刘澜涛电，要求对重大贪污犯“处理的情况报告我们”，“八日，华北局向中央提交补充报告。”[4]这个补充报告的内容

---

〔1〕 中共中央文献研究室编：《毛泽东年谱（一九四九——一九七六）》（第一卷），中央文献出版社2013年版，第422页。

〔2〕 同上书，第425页。

〔3〕 同上书，第425页。

〔4〕 同上书，第426页。

自然是死刑。在华北局的补充报告提交前,毛泽东起草上述电报的同一天已经形成了处理贪污行为思路,12 月 1 日,毛泽东“作了三次修改”[1]的《中共中央关于实行精兵简政、增产节约、反对贪污、反对浪费和反对官僚主义的决定》发布。“三反运动在全国开始。”[2]

至此,成文化、规范化的反贪污党内法规形成。但就如法律的生命在于实施,党内法规形成后,同样要实施,在实施过程中发现存在的问题进行健全和完善。

二、反贪污党内法规的实施

《中共中央关于实行精兵简政、增产节约、反对贪污、反对浪费和反对官僚主义的决定》(以下简称《决定》)指出,“自从我们占领城市两年至三年以来,严重的贪污案件不断发生”,应“把反贪污、反浪费、反官僚主义作为贯彻精兵简政、增产节约这一中心任务的重大措施,要求普遍地检查贪污、浪费和官僚主义问题。”需要指出的是,该《决定》包括制定法律,尤其是规定了相应的惩罚方式,即“一切从事国家工作、党务工作和人民团体工作的党员,利用职权实行贪污和实行浪费,都是严重的犯罪行为。中央人民政府不久将颁布惩治贪污的条例和惩治浪费的条例,……一切贪污行为必须揭发,按其情节轻重,给以程度不等的处理,从警告、调职、撤职、开除党籍、判处各种徒刑、直至枪决。”[3]

此处有两点值得注意,第一,《决定》中的措施既包括承担党内纪律责任,也包括当今的行政、刑事责任,而对于何种情形需要“警告、调职、撤职、

---

〔1〕 中共中央文献研究室编:《毛泽东年谱(一九四九——一九七六)》(第一卷),中央文献出版社 2013 年版,第 426 页。

〔2〕 《董必武年谱》编纂组编:《董必武年谱》,中央文献出版社 1991 年版,第 401 页。

〔3〕 中共中央文献研究室编:《毛泽东年谱(一九四九——一九七六)》(第一卷),中央文献出版社 2013 年版,第 427 页。

开除党籍、判处各种徒刑、直至枪决”，当时的思路尚未形成。第二，《决定》提出了下一步将会将党内法规变成由中央人民政府颁布的法律，除了说明当时十分重视法律的作用外，还将该法的位阶提升至由中央人民政府颁布的高度，而非政务院制定法令，体现了当时中央打击贪污的决心。

三天以后的1951年12月4日，中共中央要求以北京市为典型模式，进一步开展此项运动并限期向上汇报。毛泽东对北京市反贪污情况报告而起草的指示中指出，“中央责成你们在接到本指示三星期内，至迟在一个月内，有计划地初步地检查自己单位和所属下一级各单位工作人员的贪污现象，仿照北京市委所订各项办法，发动党内外最广大群众（包括各民主党派及社会民主人士），大张旗鼓地、雷厉风行地检查和惩治贪污人员。”“中央责成你们大体上仿照北京市委的报告样式，在收到本指示后一个月内，向中央作第一次关于检查和惩治贪污人员的报告。所有中央和军委各部门，均分别向中央和军委作报告；所有中央人民政府各党组，各中央局，各分局，各省委，各市委，各区党委，各地委，各县委，均按级向中央及其上级作报告。……凡不作报告者，以违纪论。凡推迟报告时间者，须申明理由。”[1]毛泽东的指示一方面通过“请示制度”来提升反贪污的效率，加强中央权威；另一方面，在形式上，并非一味地发动群众，而是要各单位要有规范可以依据，即“仿照北京市委所订各项办法”。12月8日，毛泽东同志为中央起草关于“三反”斗争必须大张旗鼓地进行的指示。该指示提及了定罪的种类、量刑标准以及杀人指标，“号召坦白和检举，轻者批评教育，重者撤职、惩办，判处徒刑（劳动改造），直至枪毙一大批最严重的贪污犯，全国可能须要枪毙一万至几万贪污犯才能解决问题。”[2]

根据上述党内法规和指示，各部门党委开始报告三反情况：1951年12

〔1〕中共中央文献研究室编：《毛泽东年谱（一九四九—一九七六）》（第一卷），中央文献出版社2013年版，第430页。

〔2〕同上书，第433页。

月9日,公安部;12月11日,邮电部、铁道部、华北军区后勤部;12月13日,华北局,西北局;12月16日,华东军区、志愿军;12月17日,平原省、西南局、军委总政治部;12月18日,中南局;12月19日,西北军区;12月20日,政务院文化教育委员会;12月22日,中央机关,甘肃省,武汉市;12月23日,华东局;12月26日,湖北省。[1] 12月30日,毛泽东起草中共中央指示,要求中央、大行政区、省市三级的一切工作部门向中央主席和军委主席"在一九五二年的头四个月内,须每月作一次报告,以便中央有所比较,看出各级领导同志对这一场严重斗争哪些是积极努力的,哪些是消极怠工的,以便实行奖励和惩处。不作报告者以违法纪论,须推迟时间作报告者须申明理由。这些报告,各级党委应负督促之责"。[2] 可以想见,通过"奖惩"措施,在打击贪污的同时,无形中必定加强各部门对中央的负责性义务。

为了进一步发动群众,1952年1月4日,毛泽东在回复山东分局向中央请示的电报中批示,"各地如有需要杀几个贪污犯才有利于发动群众,亦可杀几个",复电中涉及批捕权、审判权问题,即"将一般的大贪污犯的逮捕批准权交地方地委及各直属市委;对由全省及全国影响的人士因贪污需加逮捕者,应报请省委或区党委批准,重要者应报华东局或中央批准;对贪污犯的判处徒刑和死刑,应该经过司法机关并按惩治贪污条例办理"。[3]

从复电中可以看出,当时对于行使批捕的主体并不统一,而且当时并没有统一的惩治贪污条例。为解决这个问题,毛泽东在复电的第二天,批示薄一波、彭真"对贪污浪费轻重大小如何处理问题加以研究""十天内将惩治贪污条例加以修改"。[4]

反贪污党内法规的在实践中的运行说明,一方面为中国共产党治理贪

---

〔1〕 中共中央文献研究室编:《毛泽东年谱(一九四九—一九七六)》(第一卷),中央文献出版社2013年版,第434—452页。
〔2〕 同上书,第455页。
〔3〕 同上书,第463页。
〔4〕 同上书,第465页。

污状况提供了制度性、规范性依据，对于加强党的集中统一领导起着重要功能的同时；另一方面，在实施中涉及人身自由、生命权的剥夺以及对应的批捕权、审判权等国家权力的分工及行使。这些问题已突破党内法规所能涵摄的边界，唯有通过国家法律方能解决。

三、反贪污党内法规转化为法律

在中国共产党历史上，由其领导制定的反贪污立法最早可以追溯至中华苏维埃共和国时期。1933 年 12 月，中央执行委员会颁布的《关于惩治贪污浪费行为第 26 号训令》规定，"贪污公款在 500 元以上者，处以死刑；贪污公款 300 元以上 500 元以下者，处以二年以上五年以下监禁等。"[1] 1943 年陕甘宁边区《惩治贪污条例（草案）》进一步明确了贪污范围，将 10 种行为定性为贪污罪。[2] 抗日战争时期，抗日民主政权曾经在立法和司法工作中，有原则、有选择地援引国民政府的一些法律，[3] 这里面自然包括有关反贪污的法律，但随着《中共中央关于废除国民党的六法全书与确定解放区的司法原则的指示》（1949 年 2 月 22 日）的颁布，国民党的法律自然不能再继续使用。

新中国成立后，《关于惩治贪污浪费行为第 26 号训令》和《惩治贪污条例（草案）》已无法满足新形势下产生的贪污问题，因此，毛泽东要求薄一波、彭真"修改"《惩治贪污条例》而不是"制定"，体现了共产党领导法制的延续性。之所以由薄、彭负责，主要原因是，据薄一波回忆，当时党中央、政务院授权由他主持"三反"工作，北京市的三反工作由彭真负责，[4] 彭真同时还

---

〔1〕《中共高层首次反腐，部分高官贪污 200 元被判死刑》，载人民政协网。另曾宪义主编的《中国法制史》认为是 1932 年 12 月，疑有误。参见曾宪义主编：《中国法制史》（第三版），中国人民大学出版社 2009 年版，第 279 页。

〔2〕黄启昌：《建国 50 年反贪立法的审视》，载《文史博览（理论版）》2005 年第 2—4 期合刊。

〔3〕曾宪义主编：《中国法制史》（第三版），中国人民大学出版社 2009 年版，第 288 页。

〔4〕薄一波：《若干重大决策与事件的回顾》（上），中共党史出版社 2008 年版，第 98 页。

任政法委员会副主任委员,[1]主管政法委员会及政法分党组工作。[2]

毛泽东的指示,也得到周恩来的积极响应,1952年1月11日,周恩来在主持政务院第一百一十九次政务会议上的讲话指出,“对贪污浪费要依法制裁,需要起草一个文件”[3]。毛泽东要求的期限是1月16日。1月16日,彭真“致信周恩来、董必武、薄一波、安子文、刘景范,将补充修改后的惩治贪污条例草案送请审阅”。1月21日,彭真主持政务院政法委员会第十五次委务会议,会议修正通过《中华人民共和国惩治贪污条例(修正草案)》。在会上,彭真指出,“发现原草拟的条例有好多不完备处,已根据各地经验加以修正,经周恩来总理、毛泽东主席阅核,明日下午提请政协常委讨论”[4]。1月22日,政协第一届全国委员会常务委员会第三十五次会议,讨论《中华人民共和国惩治贪污条例(修正草案)》。1月26日,中共中央向各地发电,征求对《惩治贪污条例(修正草案)》的意见。[5] 在征求意见期间,中共中央结合实际情况,又发布了一些党内法规。如2月9日,毛泽东起草《中共中央关于中小贪污分子分别处分问题的补充指示》,对贪污的界定、处理措施进行了补充。[6] 2月12日,周恩来为中共中央起草《关于“三反”运动中若干问题的处理意见》,该《意见》以贪污一千万为限,规定了不同的处罚措施。3月2日,周恩来为中共中央起草《关于解除小贪污分子的顾虑及处分问题的指示》,要求对不同贪污情节给予不同处分的规定。3月11日,周恩来颁布

---

[1] 《董必武年谱》编纂组编:《董必武年谱》,中央文献出版社1991年版,第348页。

[2] 《彭真传》编写组编:《彭真年谱:1902—1997》(第二卷),中央文献出版社2012年版,第154页。

[3] 中共中央文献研究室编:《周恩来年谱(一九四九——一九七六)》(上),中央文献出版社2007年版,第211页。

[4] 《彭真传》编写组编:《彭真年谱:1902—1997》(第二卷),中央文献出版社2012年版,第245页。

[5] 中共中央文献研究室编:《周恩来年谱(一九四九——一九七六)》(上),中央文献出版社2007年版,第211—212页。

[6] 中共中央文献研究室编:《毛泽东年谱(一九四九——一九七六)》(第一卷),中央文献出版社2013年版,第487—488页。

政务院令,公布中央节约检查委员会《关于处理贪污、浪费及克服官僚主义错误的若干规定》。[1]

此外,各地、各部门实行"三反"运动导致业务停顿问题也引起了高级领导人的注意。1952 年 2 月 15 日,周恩来、陈云、薄一波认为业务部门必须有领导坚守岗位,此意见获得毛泽东的同意。3 月 9 日,周恩来致信毛泽东,建议采取措施"扭转目前经济停滞、城乡交流停顿的局面,商定地区以下贸易公司、合作社一律停搞'三反',恢复业务。"[2]

1952 年 3 月 27 日晚,毛泽东审阅了周恩来报送的《中华人民共和国惩治贪污条例草案》。他对条例的第 2 条和第 14 条的部分内容进行了删改。[3] 3 月 28 日,周恩来主持政务院第一百三十次政务会议,讨论通过《中华人民共和国惩治贪污条例》。[4] 4 月 16 日,彭真将准备在该月 18 日在中央人民政府委员会第十四次会议上作的关于中华人民共和国惩治贪污条例草案的说明稿请毛泽东批示。毛泽东批示,"恩来同志阅后,送彭真同志:此件少奇同志修改了一些,我又作了较多的修改,觉得可以用",4 月 17 日,毛泽东再次对草案说明稿进行了修改。4 月 18 日中央人民政府委员会第十四次会议通过《中华人民共和国惩治贪污条例》,4 月 21 日,毛泽东发布中央人民政府命令,公布施行《中华人民共和国惩治贪污条例》。[5] 至此,反贪污制度从党的意志上升为国家意志,在性质上从党内法规转化为国家法律。

需要注意的是,第一,这种转化并非意味着法律代替了党内法规,而是

---

〔1〕 中共中央文献研究室编:《周恩来年谱(一九四九——九七六)》(上),中央文献出版社 2007 年版,第 215、221—222、224 页。

〔2〕 同上书,第 216、224 页。

〔3〕 中共中央文献研究室编:《毛泽东年谱(一九四九——九七六)》(第一卷),中央文献出版社 2013 年版,第 526 页。

〔4〕 中共中央文献研究室编:《周恩来年谱(一九四九——九七六)》(上),中央文献出版社 2007 年版,第 229 页。

〔5〕 中共中央文献研究室编:《毛泽东年谱(一九四九——九七六)》(第一卷),中央文献出版社 2013 年版,第 544、546 页。

说两者在功能上互相补充和配合,在实践中共同作为惩治贪污的依据。第二,尽管党内法规作为法律渊源的重要组成部分,但并非所有的党内法规都应或有必要转化为法律,这种转化必须满足特定的条件,遵循具体的程序。第三,党内法规向法律转化过程中,党的领导作用(通过个人和党组织)不容忽视。

四、党内法规向法律转化应把握的几个方面

党内法规转化为法律必须在党的领导下,具备一定的条件,通过特定程序,依据有关原则方可进行。

(一)党内法规转化为法律的必要性

这种必要性亦可视为是党内法规向法律转化的起点。鉴于党内法规与法律的诸多区别,决定了并非所有党内法规都可以转化为法律,亦无必要转化为法律。《中华人民共和国惩治贪污条例》的形成背景和过程说明,党内法规转化为法律的必要性至少包括以下三种情况:

(1)党内法规规定的保障方式(警告、严重警告、撤销党内职务、留党察看、开除党籍等)不能有效解决问题时,必须诉诸法律的制裁方式,例如限制人身自由甚至死刑。《中共中央关于实行精兵简政、增产节约、反对贪污、反对浪费和反对官僚主义的决定》便提出了"判处各种徒刑、直至枪决"这种法律制裁。

(2)党内法规的灵活性、易变性不能提供基本的心理预期和处理依据的稳定性。前述针对贪污问题,中央先后出台《中共七届二中全会决议》《中央关于整党的指示》《中共中央关于实行精兵简政、增产节约、反对贪污、反对浪费和反对官僚主义的决定》《中共中央关于中小贪污分子分别处分问题的补充指示》《关于"三反"运动中若干问题的处理意见》《关于解除小贪污分

子的顾虑及处分问题的指示》《中央节约检查委员会关于处理贪污、浪费及克服官僚主义错误的若干规定》等党内法规，但对贪污的标准、实施的方式、具体的惩罚措施并没有明确而统一的规定，且存在长时间段内的稳定性问题，再加上实施过程中领导人的指示，使得统一而稳定的反贪污法律的制定成为必需。

(3)问题的严重性程度倒逼立法。从宏观上来看，贪污问题达到一定程度时，势必威胁到中共执政的正当性。从微观上来看，贪污者身份一方面是党员，贪污行为影响到党的形象，另一方面贪污者又是国家机关工作人员，贪污行为影响到职权的廉洁性。因此，必须党规与国法并重进行处理。

(二)党内法规转化为法律的基本过程

《中华人民共和国惩治贪污条例》的形成过程说明，党内法规转化为法律的基本过程如下：

(1)起草法律草案。党内法规产生后，因客观情势的需要，有必要上升为法律。因此，第一步便是起草法律草案，该行为一般由党和国家领导人指定专人负责。具体到反贪污条例，鉴于“三反”的重要性及其具体的领导实施，所谓的党和国家领导人自然是毛泽东，专人则是薄一波、彭真，两人在当时的身份前已述及。

(2)由政务院政法委员会讨论通过。政务院政治法律委员会根据《中华人民共和国中央人民政府组织法》第18条设立，其职能是“指导内务部、公安部、司法部、法制委员会和民族事务委员会的工作”，包括法律的起草。因此，薄、彭负责的草案，在形式上要由专门起草立法的特定机关讨论通过。

(3)由政协常务委员会讨论。政协本身的多党合作和政治协商的性质，决定了草案可获取民主党派的支持，以提升其合法性，实现立法民主。

(4)政务院讨论通过。根据《中华人民共和国中央人民政府组织法》第15条，政务院职权中包括“向中央人民政府委员会提出议案”，在逻辑上自然意味着政务院首先要讨论通过草案,才有进行下一步(提出议案)的可能。

(5)中央人民政府委员会审议通过。根据《中华人民共和国中央人民政府组织法》第3条,在普选的全国人民代表大会召开前,由中国人民政治协商会议的全体会议选举中华人民共和国中央人民政府委员会,并赋之以行使国家权力的职权,第7条规定了中央人民政府委员会享有制定法律的职权。这说明,由中央人民政府委员会审议通过的《中华人民共和国惩治贪污条例》的法律位阶之高,亦说明该法在当时国法序列中的重要性。

需要提及的是,不论是法律草案的起草还是此后的修改,在此过程中,一方面是将实践中反贪污经验进行确认,另一方面,也更为重要的是对既有反贪污党内法规相关内容(贪污的界定、标准、情节、处理措施等)的吸收。

(三)党内法规转化为法律过程中中国共产党的作用

探讨《中华人民共和国惩治贪污条例》产生过程中党的作用,有利于进一步明确党内法规向法律转化过程中的一些关键节点。党的作用主要通过党的领导人和党组织体现,具体包括三个方面:

(1)决定立法的时限。前文指出,1951年12月1日的《中共中央关于实行精兵简政、增产节约、反对贪污、反对浪费和反对官僚主义的决定》虽然强调"中央人民政府不久将颁布惩治贪污的条例和惩治浪费的条例",但何时开始并未言明。1952年1月6日,毛泽东要求薄一波、彭真"对贪污浪费轻重大小如何处理问题加以研究",时间上要求对此前惩治贪污条例十天内加以修改。彭真按照要求在1月16日形成修改草案。该草案的形成为此后政务院政法委员会通过、中央人民政府委员会审议通过打下了基础。

(2)主导立法的内容。这体现在三个方面,首先是作为中国共产党的领导人,在《中华人民共和国惩治贪污条例》起草和审议过程中,毛泽东、刘少奇、周恩来、彭真等人的意见影响到该法诸多条文,毛泽东对条文的具体内容进行修改。其次,作为中国共产党的中央组织,在中国共产党领导下的政协常委会讨论《惩治贪污条例(修正草案)》后,中共中央又向全国各地发电,征求意见。最后,在身份方面,不论是政务院、政协,还是中央人民政府委员会,其负责人身兼双重身份,既是中共领导人又是国家机关的领导人,这种身份(即党和国家领导人)决定了关于反贪污的党规与国法之间在精神上的一致性。

(3)领导立法的原则。为何在反贪污之初不制定一部法律呢？这涉及中国共产党领导立法的一个原则。1951 年 5 月 11 日,彭真在谈到立法时说,“在立法方面,目前还不宜追求制定一些既不成熟又非急需的完备、细密的成套的法规,以致闭门造车;应该按照当前的中心任务和人民急需解决的问题,根据可能与必要,把成熟的经验定型化,由通报典型经验并综合各地经验逐渐形成制度和法律条文。”[1]《中华人民共和国惩治贪污条例》的产生过程,体现了一切从实际出发,在实践中不断总结经验,上升为党内法规,再转化为法律的特点。正如周恩来在讨论通过该法时说,“《条例》将‘三反’、‘五反’运动的宝贵经验,用法律条文固定下来。”[2]彭真在该法草案说明中说,该法“是根据中国人民政治协商会议共同纲领第十八条严惩贪污的规定和‘三反’、‘五反’运动中所揭露的事实和所蓄积的经验而制定的。”[3]该法产生前毛泽东要求各地方、各部门限时上报反贪污情况并进行批示(尤其是对贪污的界定、各种处理措施),使得该法最终水到渠成。后来邓小平对立法所提倡的“成熟一条制定一条”[4]的立法原则可以说是这种经验的继续。

通过上述,可以看出,《中华人民共和国惩治贪污条例》的形成过程与其

---

[1] 《彭真文选》,人民出版社 1991 年版,第 213 页。

[2] 中共中央文献研究室编:《周恩来年谱(一九四九——一九七六)》(上),中央文献出版社 2007 年版,第 229 页。

[3] 彭真:《关于中华人民共和国惩治贪污条例草案的说明》,载中国共产党新闻网。《彭真文选》收入时,删去了第一段和最后两段,并对其他部分进行了整理。参见《彭真文选》,人民出版社 1991 年版,第 229 页。

[4] 《邓小平文选》(第二卷),人民出版社 1994 年版,第 147 页。

说是立法的过程,不如说是中共关于反贪污方面的党规在党的领导下上升为国法的过程。换言之,《中华人民共和国惩治贪污条例》产生的全过程一直处于中国共产党的直接领导之下,是党领导立法的典型体现,是中国共产党关于反贪污的政策(党内法规)通过国家机关的运行程序上升为国家法律的过程,这种过程显示了党规与国法的一体同源。反贪污的党内法规与《中华人民共和国惩治贪污条例》之间的关系亦印证了法理学上政策与法律关系的一般原理,一方面,如本章开头所言,两者具有明确的区别;另一方面,两者又具有紧密的联系,即党内法规是法律的核心内容、法律是贯彻党内法规的有力手段,党内法规的制定和实施要体现法治精神、高效执行党内法规能够有力带动法律治理水平的提升。[1]

〔1〕 朱景文主编:《法理学》(第四版),中国人民大学出版社2021年版,第150—151页。

第三篇　解　释　篇

第五章　从立法解释到解释立法

一、立法解释与解释立法释名

立法解释是法律解释的下位概念，后者按照是否有法律约束力分为有权解释和无权解释。根据《关于加强法律解释工作的决议》，有权解释包括立法解释、行政解释和司法解释。立法解释“通常是指有权制定法律、法规的国家机关对其制定的法律、法规所进行的解释，主要包括：其一，全国人大常委会对宪法和全国人大及其常委会制定的法律所进行的解释”，“其二，国务院及其部门对行政法规、规章所进行的解释”，“其三，有立法权的地方人大常委会对本级人大及其常委会制定的地方性法规所进行的解释，有立法权的地方人民政府对其制定的规章所进行的解释。”〔1〕

解释立法不同于立法解释，解释立法是指通过学术概念、学术原理、学术话语对我国的立法制度、立法实践进行的概括、归纳、总结、提炼。换言之，通过这些学术概念、原理、话语等来解释或阐明我国的立法数量、立法变迁、具体的立法程序、立法体

---

〔1〕《法理学》编写组：《法理学》（第二版），人民出版社、高等教育出版社2020年版，第179—180页。

制、中央与地方立法、不同地区之间立法、我国立法与西方立法之间的异同。如果说我国的立法数量、立法的历史、立法体制、各种立法制度、中央立法与地方立法的比较、地区立法之间的比较、中西立法之间的比较属于“是什么”的问题,那么“解释立法”解决的则是“是什么”背后的“为什么”“何以如此”的问题。

从主体和性质角度,立法解释的主体是全国人大常委会、国务院及其部门、有立法权的地方人大常委会和地方人民政府,在性质上是国家机关的一种职权行为。对解释立法而言,在性质上属于学术活动,只要能提出有说服力的学术概念、学术原理、学术话语,都是解释立法的主体,法学研究工作者的工作性质决定了这一群体是主要主体。对此,原上海市人大常委会法工委主任,现任教于上海交通大学的沈国明教授在谈到多年的实务工作经历对他回归学术界的影响时说,自己目前“最重要的任务就是解释中国,中国到底什么样子,为什么是现在的样子,作出客观的、有说服力的解释”。[1] 显然,这里的“中国”自然包括中国的立法制度和立法实践,其身份的转变同时意味着由此前的以“改造世界”为主转向以“解释世界”为主。

从对象方面,立法解释作为法律解释的组成部分,其对象是既有的法律文件,解释立法的对象范围更大,不仅包括法律文件,还包括立法程序、立法历史、不同法律之间的比较、立法体制等。

从目的角度,立法解释在于澄清法律术语、概念、条文的含义,“揭示其中所表达的立法者的意志和法的精神,进一步明确法定权利和义务或补充现行法律规定不足的一种国家活动”,[2] 目的在于法律的实施。解释立法通过对立法制度、立法实践的描述、说明,目的不是法律实施,而是理论研究。

---

〔1〕 沈国明、徐菁菁:《知行并用、经世致用的立法践行者——沈国明教授访谈录》,载《地方立法研究》2021 年第 4 期。

〔2〕《法理学》编写组:《法理学》(第二版),人民出版社、高等教育出版社 2020 年版,第 178 页。

二、何谓解释立法?

新中国成立后,我国的立法制度和立法实践一直处于变化和发展之中。在立法方面,在中国共产党领导下,法制建设从不健全到逐步健全,2011 年中国特色社会主义法律体系建成,截至 2022 年 3 月,我国现行有效法律 291 件,行政法规 600 多件,地方性法规 12000 多件。目前正在完善以宪法为核心的中国特色社会主义法律体系。在立法体制方面,从新中国成立初期只有全国人民代表大会享有立法权,到 1982 年《宪法》规定全国人大常委会、国务院及其部门、特定的地方人大及其常委会和地方人民政府享有立法权,2000 年《立法法》进一步明确各级立法权限,2015 年设区的市享有立法权,我国的立法体制不断发展、完善、健全。在地方立法层面,从不享有立法权到设区的市享有立法权,从单纯的行政区域享有立法权到区域协同立法,从法定立法权到全国人大常委会、国务院的授权立法,地方立法不断呈现新变化、新形式。从立法权的表现形式方面,不同时期先后出现法定立法、授权立法、实验性立法、立法试行、协同立法、区域立法,立法权形式呈现多样化状态。

"人的正确思想是从哪里来的?是从天上掉下来的吗?不是。是自己头脑里固有的吗?不是。人的正确思想,只能从社会实践中来。"[1]立法实践的丰富与繁荣,刺激立法理论的研究与生成。[2] 法律的局限性必然导致立法解释甚至司法解释的繁荣,同样,2021 年是中国共产党成立 100 周年,

---

〔1〕 毛泽东:《人的正确思想是从哪里来的?》,载《毛泽东文集》(第八卷),人民出版社 1999 年版,第 320 页。

〔2〕 例如朱景文教授及其团队长期追踪中国当代立法数据,并进行相应的解读。参见朱景文主编:《中国法律发展报告:数据库和指标体系》,中国人民大学出版社 2007 年版;朱景文主编:《中国人民大学 中国法律发展报告 2010:中国立法 60 年——体制、机构、立法者、立法数量》,中国人民大学出版社 2011 年版。

也是新中国成立72周年,一百年的立法实践必然催生相应的立法理论尤其是解释立法的理论。2017年5月,习近平总书记在中国政法大学座谈会的讲话中指出,“我们要坚持从我国国情和实际出发,正确解读中国现实、回答中国问题,提炼标识性学术概念,打造具有中国特色和国际视野的学术话语体系。”[1]对法学工作者尤其是立法工作者而言,如何从我国的立法实际出发,正确解读中国立法现实、回答中国立法问题,提炼标识性学术概念,打造具有中国特色和国际视野的立法学术话语体系,是摆在眼前的重要课题,也是时代赋予的重要使命。这就需要迈进解释立法的时代。

三、解释立法的意义和框架

针对我国现行立法制度和立法实践,理论界已出现一定程度的涉及解释立法理论的作品。举其要者,在立法权限划分方面,许安标根据立法实践中出现的具体问题,提出了不同立法机关立法权限划分的标准和原则。[2]在法律体系方面,朱景文教授认为,对中国特色社会主义法律体系形成和发展的原因的理解不能从法律体系自身,而应结合“改革开放这样一个特殊的历史阶段,市场经济、民主政治、和谐社会、生态文明、法制建设和全球化等一系列变革”才能获得解释。[3] 在对立法学理论整体反思的基础上,宋方青教授等人提出学科意义上以规则为中心的“立法法理学”。[4] 在立法与改革的关系方面,刘松山教授在梳理立法适应和服从改革需要的历史基础上,归纳出“经验主义立法思想”和“工具主义立法思想”的提法。[5] 在立法体

---

〔1〕 习近平:《全面做好法治人才培养工作》,载《论坚持全面依法治国》,人民出版社2020年版,第176页。

〔2〕 许安标:《关于中央和地方立法权限的划分》,载《中国法学》1996年第3期。

〔3〕 朱景文:《中国特色社会主义法律体系:结构、特色和趋势》,载《中国社会科学》2011年第3期。

〔4〕 宋方青、姜孝贤:《立法法理学探析》,载《法律科学(西北政法大学学报)》2013年第6期。

〔5〕 刘松山:《当代中国处理立法与改革关系的策略》,载《法学》2014年第1期。

制方面，朱力宇教授提出“随着我国立法体制具体化、明晰化和定型化的发展进程，其运行的总趋势将是：横向立法权限将从行政机关向权力机关集中；纵向立法权限将从地方向中央集中”。[1] 在衡量立法的标准方面，冯玉军教授根据国际通行指标并结合统计数据提出了科学评估立法的指标体系，[2]等等。这些研究为今后迈进解释立法时代提供了基本的学术引领和研究范式，为立法研究的不同领域进行解释打下了很好的基础。本章以“党领导立法”为例，意在进一步提出解释立法的研究意义、研究框架、研究视角以及可能的研究困境，希望能够对今后解释立法的繁荣起抛砖引玉之效。

（一）解释“党领导立法”的意义

“党领导立法”是官方和民间对党与法之间关系的一种表达，是对立法实践的描述和提炼。“党领导立法”的提法首次出现于 2012 年 12 月 4 日习近平总书记“在首都各界纪念现行宪法公布施行三十周年大会上的讲话”中，他指出，“党领导人民制定宪法和法律，党领导人民执行宪法和法律，党自身必须在宪法和法律范围内活动，真正做到党领导立法、保证执法、带头守法”。[3] 此时，“党领导立法”与“保证执法”“带头守法”并列，2014 年 10 月召开的中共十八届四中全会，新增“支持司法”，从而形成目前“党领导立法、保证执法、支持司法、带头守法”[4]的完整表述。作为习近平法治思想中的标识性概念，“党领导立法”是一个重要的实践命题，“小智治事，中智治人，大智立法”，[5]不论是新民主主义革命时期，还是新中国成立后的社会主义革命、社会主义建设和改革开放时期，以及十八大以来的新时代，可以说，

---

[1] 朱力宇：《立法体制的模式问题研究》，载《中国人民大学学报》2001 年第 4 期。
[2] 冯玉军：《中国法律规范体系与立法效果评估》，载《中国社会科学》2017 年第 12 期。
[3] 中共中央文献研究室：《十八大以来重要文献选编》（上），中央文献出版社 2014 年版，第 91 页。
[4] 《中共中央关于全面推进依法治国若干重大问题的决定》，人民出版社 2014 年版，第 5 页。
[5] 中共中央文献研究室编：《习近平关于全面依法治国论述摘编》，中央文献出版社 2015 年版，第 12 页。

我国的法律都是在中国共产党领导下制定的。“党领导立法”也是一个重要的理论命题,是法学、政治学、马克思主义、党建等学科共同关注的对象,近年来,学界对“党领导立法”的研究逐步增多,形成了一批有分量的作品。[1]

在全面依法治国背景下如何从法学尤其是法理学角度对该命题进行思考,阐述其背后的理论逻辑、制度逻辑,提出理论解释,对于党领导立法制度的正当性以及为实现习近平总书记要求的“从我国国情和实际出发,正确解读中国现实、回答中国问题,提炼标识性学术概念,打造具有中国特色和国际视野的学术话语体系”无疑具有重要的理论和现实意义。

(二)解释“党领导立法”的框架

在国法和党规框架下,根据党领导立法的运作过程,有必要提出某种概念或解释理论。此概念的发展史体现了中国共产党不同时期对待立法的态度以及治国理政的关注点。对此进行学术回应时,应考虑到党领导立法的共性和个性、党与国家关系的一般理论、党领导立法的具体实践以及政党政治的一般特点和中国特色。

逻辑上,首先界定“党领导立法”的概念,以此为前提,对党领导立法的制度表述、现实运作尤其是中国特色进行阐述,在此基础上,结合既有理论对“党领导立法”从法理角度提出解释。

三者之间关系如图 6 - 1 所示:

---

〔1〕 例如,刘松山:《党领导立法工作需要研究解决的几个重要问题》,载《法学》2017 年第 5 期;冯玉军:《完善以宪法为核心的中国特色社会主义法律体系——习近平立法思想述论》,载《法学杂志》2016 年第 5 期;陈俊:《政党与立法问题研究——借鉴与超越》,人民出版社 2008 年版;秦前红:《执政党领导立法的方式和途径》,载《中国法律评论》2014 年第 3 期;彭君:《新中国成立 70 年党领导立法的历史变迁》,载《中共中央党校(国家行政学院)学报》2019 年第 4 期,等等。

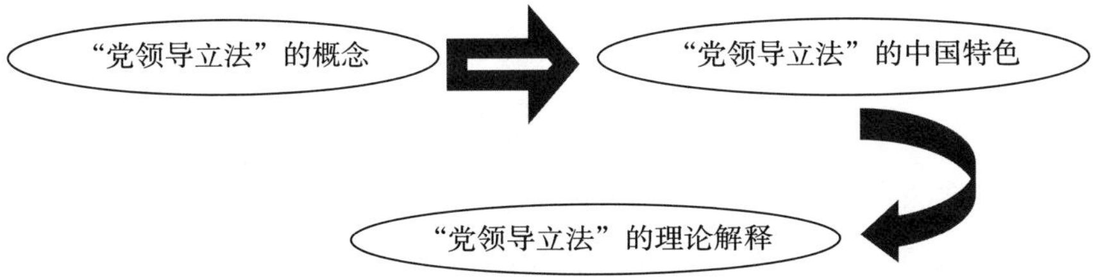

图 6－1　"党领导立法"的解释框架

具体而言，将以《宪法》为核心的国法和以《党章》为核心的党规作为规范依据，首先将"党领导立法"与有关概念的关系进行梳理和澄清以界定概念，其次在描述党领导立法具体运作基础上，分析、借鉴、批判既有解释理论，最后尝试归纳出某种概念或理论解释，从学术角度回应西方学者对"党领导立法"的误解和误读，以验证法治的中国经验，充分体现中国特色、中国风格、中国气派的学科体系、学术体系、话语体系。[1]

具体如图 6－2 所示：

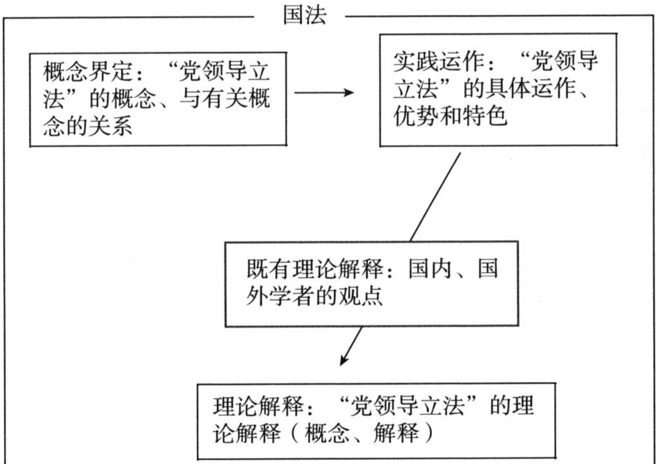

图 6－2　"党领导立法"的解释框架（具体）

〔1〕《习近平谈治国理政》（第二卷），外文出版社 2017 年版，第 338 页。

在研究方法方面,除以问题为中心,除了法学的规范研究方法(法律文本的规范分析)外,还将使用比较(中外政党领导立法的异同)、史学(对史料的鉴别、选择、分析,党领导立法概念的历史变迁)、社会学(立法数据的采集和分析、对立法人员的访谈)、政治学(对中国政治的解释理论)、党建(党的执政理论)等研究方法及其中包含的理论,在此基础上,提出全面依法治国背景下"党领导立法"的理论解释。

(三)结合"四史"教育解释"党领导立法"

2020 年 1 月 8 日,习近平总书记在"不忘初心、牢记使命"主题教育总结大会上的重要讲话中强调,"要把学习贯彻党的创新理论作为思想武装的重中之重,同学习马克思主义基本原理贯通起来,同学习党史、新中国史、改革开放史、社会主义发展史结合起来"。[1] 立法学研究对于提升立法质量,为立法实践献计献策,繁荣法学研究,具有重要意义。作为法学的一门独立分支学科,我国的立法学产生于 20 世纪 80 年代初,在改革开放背景下伴随着民主法制建设尤其是《立法法》的产生和中国特色社会主义法律体系的形成,逐步发展和成熟。在当前学习"四史"背景下,可以"党领导立法"为切入点,提出相应的理论解释。

1. 提出党的领导与立法关系的解释理论

2018 年 8 月 24 日,习近平总书记在中央全面依法治国委员会第一次会议上的讲话中指出,"要紧紧抓住全面依法治国的关键环节,完善立法体制,提高立法质量"。[2] 我国的立法学研究涉及立法指导思想、立法原则、立法技术、立法程序、立法体制等主题。从这些主题之间的关系来看,通过立法技术和立法程序,形成立法体制,对立法技术、立法程序和立法体制的概括

---

〔1〕 习近平:《坚持推动全党不忘初心、牢记使命》,载《习近平谈治国理政》(第三卷),外文出版社 2020 年版,第 540 页。

〔2〕 习近平:《论坚持全面依法治国》,人民出版社 2020 年版,第 230 页。

和抽象形成立法原则，对立法原则的升华，形成立法指导思想。反过来，从社会实践中形成立法指导思想，立法指导思想的落地形成立法原则，通过立法技术和立法程序，形成立法体制。两种逻辑关系正对应于“从群众中来，到群众中去”的群众路线。在此过程中，党的领导始终贯穿其中。

纵观中国共产党的历史、新中国史尤其是改革开放史，不同时期党和国家领导人通过对社会实践的认识，形成马克思主义中国化理论，这些理论是我国的立法指导思想，为践行立法指导思想，通过立法原则和立法技术，产生具体的立法体制。例如，改革开放之初，邓小平理论是我国的立法指导思想，由于改革尚处于摸索阶段，但又需要相应的法律制度，党和国家领导人提出“成熟一个制定一个”“宜粗不宜细”等立法原则，通过举手表决、一审或二审通过的立法程序、立法条文较短且结构较为自由的立法技术，在党的领导下，我国先后制定出《宪法》《婚姻法》《民法通则》《行政诉讼法》等法律制度，在此过程中，确立了中央立法与地方立法、权力机关立法与行政机关立法、职权立法与授权立法等颇具特色的中国立法体制。随着立法指导思想的变化，超前立法、三审制、条文精细化、法律结构严谨等立法程序和立法制度逐渐规范化和制度化。

新中国成立以来至今的历史表明，要理解这一历史进程中不同时期、不同阶段的法律制度，不难发现，最终必须也必然要追溯到与之对应的立法指导思想，即毛泽东思想、邓小平理论、“三个代表”重要思想、科学发展观、习近平新时代中国特色社会主义思想，其间连接两者的重要媒介便是中国共产党领导。在此意义上，借力“四史”学习，深化研究党的领导与立法之间的关系，提出富有原创性的概念、话语便具有重要的理论意义和现实意义。

2. 推进中国特色立法学学科体系、学术体系、话语体系建设和创新

2016 年 5 月 17 日，习近平总书记在哲学社会科学工作座谈会上指出，“不断推进学科体系、学术体系、话语体系建设和创新，努力构建一个全方

位、全领域、全要素的哲学社会科学体系”。[1] 党史、新中国史、改革开放史、社会主义发展史一方面呈现出党领导下的立法史,另一方面体现了中国国情下的立法指导思想、立法体制、立法原则、立法技术和立法制度的变迁。因此,如何利用立法学语言讲好中国立法故事,用特定的立法学理论和概念解释中国的立法实践,将丰富多彩的立法创新提升至科学的理论并成为立法学学科体系的有机组成部分,是摆在广大立法学研究者面前的重要课题。该课题的研究在学术层面对于提升我国学者与国际同行进行对话、促进立法学走向繁荣,在实践层面对于促进法律实施,在政治层面对于增强四个自信具有重要价值。

以地方立法为例,可以说,改革开放至今的历史中所包含的诸多立法实践对立法学研究而言是一座巨大的富矿。例如,我国地方立法领域先后出现经济特区立法、各种类型的区域协同立法(京津冀、长三角、珠三角等)、设区的市立法、云贵川三省保护赤水河共同立法,等等。如何总结这些不断出现的立法新事物并抽象为立法学理论,或者,通过何种理论话语对此进行学术归纳或解释?

再如,同样是政党领导立法,相比于西方资本主义国家以及具有相同社会性质的社会主义国家,用何种概念、依据何种理论对我国党领导立法的优势和特色进行解释,进而体现法治的中国特色?这些问题的解决都会有益于形成中国特色立法学学科体系、学术体系、话语体系的建设和创新。

法学并非自足的学科,同样,立法学研究亦不能固步自封,必须广泛借鉴和吸收其他学科的丰富成果。习近平总书记指出,“中国特色哲学社会科学应该涵盖历史、经济、政治、文化、社会、生态、军事、党建等各领域,囊括传统学科、新兴学科、前沿学科、交叉学科、冷门学科等诸多学科”,[2] 这要求推进中国特色立法学学科体系、学术体系、话语体系建设和创新过程中,不能

---

〔1〕 习近平:《在哲学社会科学工作座谈会上的讲话》,人民出版社2016年版,第22页。
〔2〕 同上。

仅依赖于传统立法学甚至法学自身的知识,应该广泛吸收、借鉴和采纳其他哲学社会科学的优秀成果。

3. 追寻当今中国的立法之根

2013 年 3 月 1 日,习近平总书记在中央党校建校 80 周年庆祝大会暨 2013 年春季学期开学典礼上的讲话中指出,“要了解我们党和国家事业的来龙去脉,汲取我们党和国家的历史经验,正确了解党和国家历史上的重大事件和重要人物。这对正确认识党情、国情十分必要,对开创未来也十分必要。因为历史是最好的教科书。”[1] 今天,中国特色社会主义法律体系已经形成并在持续完善,那么,必须追问的一个问题是,当今中国的法律从哪里来？中国的立法何以如此？换言之,现行的立法体制、立法原则、立法制度、立法技术何以如此？针对该问题,仅仅通过古今、中外的规范比较只能从形式上进行解决,尚不能解决其实质。此时必须回到本源,回到初心。

以“实事求是,一切从实际出发”的立法原则为例,这条立法原则从思想渊源上可追溯到毛泽东同志于 1938 年 10 月六届六中全会上的报告、1940 年 1 月的《新民主主义论》、1941 年 5 月的《改造我们的学习》等著名文献。在立法实践中,可追溯到新民主主义革命时期各革命根据地结合实际情况进行的各种各类立法,对当时的立法原则,曾参与或主持起草陕甘宁边区诸多法律的谢觉哉在其日记中写道,在立法过程中,是“用书”而不是“读书”,因为“我们要从书里找出一些于我们计划工作、实施工作有帮助的东西”,对大陆法系、英美法系的经验,靠抄袭、模仿“绝不顶事”,对边区宪法的制定,是“根据边区已实现的东西写的,但多少也有点纲领性,即尚未做好及正待做的也写了些”,对专家的意见,“不是听了就得,而要去考究其来源是否合乎实际”。[2] 这种立法经验和原则在毛泽东总结 1954 年《宪法》时强调的

---

[1] 习近平:《依靠学习,走向未来》,载《习近平谈治国理政》(第一卷),外文出版社 2018 年第 2 版,第 405 页。

[2] 《谢觉哉日记》(下卷),人民出版社 1984 年版,第 1034、1032 页。

“这个宪法草案所以得到大家拥护,大家所以说它好,就是因为有两条:一条是正确地恰当地总结了经验,一条是正确地恰当地结合了原则性和灵活性”[1]得以体现。《民法典》制定后,习近平总书记将其特点界定为“系统整合了新中国七十多年来长期实践形成的民事法律规范,汲取了中华民族五千多年优秀法律文化”“是一部具有中国特色、实践特色、时代特色的民法典”,[2]是上述原则在新时代的进一步呈现。

总之,在立法学研究中,借力“四史”学习,一方面可以追寻我国的立法之根,明晓我国的立法指导思想、立法体制、立法原则从哪里来,预测立法往哪里去,在立法过程中,应注意哪些问题外,更为重要的是,还可以在此基础上,深化对立法过程中党的领导研究,进而推进中国特色的立法学学科体系、学术体系、话语体系的建设和创新。

四、解释“党领导立法”的研究现状及面临的困境

1. 研究现状

如本书第二章所言国内研究可分为宏观和微观两个层面。宏观层面,将党领导立法放在“党—国”框架下理解;微观层面,侧重对党领导立法具体过程中有关党组织作用的理论解释(例如韩丽提出的“非正式性”[3]、本书提出的“双重立法者”[4]、肖滨和卜熙提出的“一核统领下的差异化格局”[5]等)。

宏观层面虽未集中于党与立法的关系,却为理解党领导立法提供了研

---

[1] 毛泽东:《关于中华人民共和国宪法草案》,载《毛泽东文集》(第六卷),人民出版社1999年版,第325页。

[2] 习近平:《充分认识颁布实施民法典重大意义,依法更好保障人民合法权益》,载《论坚持全面依法治国》,人民出版社2020年版,第279页。

[3] 韩丽:《中国立法过程中的非正式规则》,载《战略与管理》2001年第5期。

[4] 参见本书第七章。

[5] 肖滨、卜熙:《一核统领下的差异化格局》,载《开放时代》2020年第3期。

究基础和大致框架,微观层面虽对党领导立法进行解释,但在深度和广度上,仍有与宏观层面相结合之必要,从而实现其解释力既涵盖领导的主体,也涵盖领导的对象和领导方式。国外有关该领域的研究侧重实践中的运作,并尝试提出某种理论解释,同时又具有较为明显的政治倾向。

因此,从法理学角度进行思考,属于正本清源,也是对国外学者的回应。兹举一例,在关于全国人大立法权的行使方面,加州大学伯克利分校欧博文教授提出名为“立法嵌入理论”(legislative embeddedness),“即全国人大常委会通过将其自身嵌入执政党的组织之中以及与强大的行政系统开展合作并寻求其支持,从而实现权力的成长和拓展”。[1] 欧博文的理论在一定程度上有利于解释全国人大立法权的行使,比如大量的法律通过前,其草案皆由行政机关起草,或者虽由人大常委会起草,但起草过程中,征求行政机关的意见是重要的程序,这可谓是与行政系统开展合作并寻求其支持的一个突出体现。毕竟行政机关是执法机关,这些法律通过后,有利于最大程度上节省执行成本。不过,他对嵌入的表述似乎不妥,事实上,与其说是“全国人大常委会通过将其自身嵌入执政党的组织之中”,不如说执政党将自己的组织和成员嵌入全国人大常委会的组成部分及其成员之中,这一点同样发生在地方权力机关中。对此现象的解释,正好与欧博文的术语相反,可谓是“嵌入立法理论”(embedded legislation)。这种嵌入,实则是“党的领导”在立法领域中的体现。在全国人大常委会层面,其内设党组织与其组成部分对应,且多数委员是党员,这有利于将党的意志贯彻到立法机关中。在地方层面,则又典型地体现在多数省级和设区的市级党委书记兼任同级人大常委会主任,这个身份在同级党委中,自然要高于作为党员身份的行政部门负责人。这意味着,此种嵌入使得地方权力机关立法时,不必像全国人大常委会那样,常常寻求行政机关的支持。因为,后两者的身份在党的系统中并没有上

---

[1] 转引自林彦:《论人大执法检查权的功能整合》,载《中国法律评论》2021 年第 4 期。

下级之分,明晓这一点,就可以理解为何后者要寻求支持,不过,也不能极端化理解,比如,一部法律或其中的条文若涉及全局性问题,此时,自然由党中央出面协调,此即所谓的“党总揽全局,协调各方”。当然,若进行评价的话,两者各有特色,中央立法层面,适当的制衡有利于约束立法机关的任性,使得民主立法、科学立法、依法立法更能落到实处。地方层面,可提升立法效率。

2. 研究面临的困境

研究面临的可能困境在于,如何从学术角度对“党领导立法”进行归纳和总结,进而体现为特定的概念或理论,这种概念或理论能够概括全面依法治国背景下党领导立法的中国经验、中国特色、制度优势。此外,在“理论—实践”的框架下,宏观视角与微观层面的结合不仅要考虑到党与国家关系的一般理论,也要考虑到党领导立法的具体实践;在“中央—地方”和“横向—纵向”框架下,不仅要考虑到党领导立法的共性,也要考虑到党领导立法的个性;在“普世性—地方性”框架下,不仅要考虑到政党政治的一般特点,也要考虑到中国政党政治的特色,这一定程度上增加了理论回应的难度,但同时也将激发学人知难而进、迎难而上的动力去破解这一难题。

五、结语:迈向解释立法的时代

本章通过立法解释引入解释立法的概念,迈向解释立法并非不要立法解释,立法解释是特定国家机关行使的一项职权,是法律实施过程中解决不断出现问题的重要手段。如果说法律解释是对法律实施的一种实践性回应,那么解释立法是对立法制度和立法实践的理论回应。两者的回应主体、回应内容、回应目的存在着不同,但并不影响两者的同时存在,甚至立法解释就是解释立法的重要对象,通过解释立法,一定程度上有利于立法解释的实施。传统研究过于强调学理意义上的立法解释,侧重为立法实践提出解决方案这类对策性或策论性倾向，这种研究是必要的也是重要的，甚至以后也是不可缺少的。不过，在今天立法制度和立法实践已极大丰富的情况下，有必要将研究的着力点转向解释立法的领域，从中提炼出具有说服力、解释力、学术性的概念、术语、框架、理论，这是学者的本分，也是实行中国之治，尤其是 2035 年基本建成法治国家、法治政府、法治社会的宏伟蓝图背景下，如何在国际上发出中国理论的声音，与国际同行展开学术交流和对话的意义所在。

第六章　双重立法者

——全国人大党组织在立法中的角色

一、前言

有学者指出,“党委和人大是我国政治体制中极为关键的两个组织……两者之间如何协调,会对中国的政治行政过程产生重大影响”。[1] 我国《宪法》第 1 条规定:“中国共产党领导是中国特色社会主义最本质的特征。”作为执政党,中国共产党的权力运作除了不得违反宪法和法律外,还必须据以《中国共产党章程》为主体的一系列党内法规,并最终体现于执政党的各类组织及其成员的行为上。在全国人民代表大会(全国人大)立法领域,中国共产党的领导主要通过全国人大相应党组织及其成员(党员)来体现。党员和党组织在立法过程中应处于何种关系?1951 年 9 月 23 日,董必武在论及人民代表会议时提到,“工人阶级的先锋队——共产党——怎样领导政权机关呢?党是经过在政权机关中的党员的工作,使政权机关接受

[1] 肖滨、卜熙:《一核统领下的差异化格局》,载《开放时代》2020 年第 3 期。

党的政策,来实现领导的。"[1]但是,如果注意到"个人服从组织"[2]作为党的一项重要组织原则,那么政权机关中的党员工作,必须经过党组织这个中介,才可以"使政权机关接受党的政策,来实现领导"。由此,全国人大党组织如何一方面接受党中央领导,另一方面规范本组织内部党员行为,从而影响具体的立法工作,是值得研究的重要课题。

概括而言,目前的研究集中于以下几个方面。一是从政权组织角度,强调应重视各级党委在立法中的领导地位。[3] 二是从立法技术角度进行研究。有学者对党的领导方式进行了列举,[4]还有学者指出党委领导立法与全国人大主导立法的主体、范围缺乏统一规范,党领导立法工作与国家机关依法行使职权之间可能发生冲突。[5] 在措施上,有学者认为应完善人大党组制度,[6]例如,有的研究建议将党领导立法的惯例规范化,党领导立法机关的程序法律化,[7]还有学者甚至尝试起草《中国共产党领导国家立法工作规程》。[8] 三是对人大党组织在立法过程中的角色进行解释,例如将党的组织与立法机构之间的关系称为立法的"非正式性"。[9] 前两种角度虽然看到党组织在全国人大立法中的重要性及其不足,但对党组织在立法中究竟发挥何种作用以及如何解释这种作用,并没有进一步说明;第三种角度虽然将党组织的角色界定为"非正式性",但如本章后面所指出的那样,这种界定并不足以全面理解党组织在立法中所起的作用。

---

[1] 《董必武选集》,人民出版社1985年版,第308页。

[2] 《中国共产党章程》第10条第1款。

[3] 余俊:《党领导立法的主体性问题》,载《法学论坛》2018年第1期。

[4] 封丽霞:《执政党与人大立法关系的定位——从"领导党"向"执政党"转变的立法学阐释》,载《法学家》2005年第5期。

[5] 刘松山:《党领导立法工作需要研究解决的几个重要问题》,载《法学》2017年第5期。

[6] 杨炼:《党内法规视域下的党领导立法》,载《湖湘论坛》2018年第4期。

[7] 陈俊:《论中国国情下党领导立法若干基本问题》,载《上海师范大学学报(哲学社会科学版)》2011年第2期;《"法治中国建设"背景下党领导立法的几点探讨》,载《中国社会科学院研究生院学报》2016年第4期。

[8] 汪习根、宋丁博男:《论党领导立法的实现方式》,载《中共中央党校学报》2016年第2期。

[9] 韩丽:《中国立法过程中的非正式规则》,载《战略与管理》2001年第5期。

诚如恩格斯指出,立法是国家权力运行的体现,不仅仅是法律行为,也是政治行为。[1] 立法的双重性质同样体现在我国全国人大及其常委会对法律的制定上。具体而言,一方面,全国人大作为中国最高国家权力机关,立法权是它的一项重要职权,其行使要严格遵循《宪法》《立法法》《全国人民代表大会议事规则》《全国人民代表大会组织法》等规定,在性质上是法律行为。另一方面,在立法过程中,全国人大必须坚持党的领导,贯彻党的意见,在此意义上,其立法行为又具有政治属性。因此,理解全国人大的立法,不仅要关注它的法律属性,还应关注其政治属性,例如全国人大党组织在立法过程中如何贯彻党的领导,党的领导如何通过全国人大党组织在立法领域中具体体现。而且应以此为基础,从学术角度尝试提出某种理论解释,或者通过学术语言提炼出某种解释模式。

在此意义上,要理解党对全国人大立法的具体领导,自然无法绕开全国人大中的各种党组织,而由此延伸出来的问题是,全国人大有哪些党组织,它们的发展演变及其相互关系是怎样的,这些党组织在全国人大立法过程中充任着什么角色,以及如何对这些党组织在立法过程中充任的角色进行解释?为回答这些问题,本章首先阐述全国人大党组织的历史发展、类型及相应关系,其次阐述立法过程中全国人大党组织的运作行为以及在立法中充任的角色,最后对此运作行为进行简述。

二、全国人大党组织概况及相应的关系

(一)全国人大党组织概况

根据学界研究成果,全国人大各类党组织的建立并非一蹴而就,其过程

---

[1] 《马克思恩格斯选集》(第四卷),人民出版社1995年版,第704页。

与中国共产党对法治建设的重视程度成正比。[1] 换言之,如果中国共产党对国家的领导处于正常政治状态,则全国人大常委会正常行使职权,亦会建立或健全各类党组织,并通过党组织领导全国人大工作。而一旦政治动荡、运动频仍,则全国人大行使职权的活动势必受到影响,甚至长期无法开会,相应地,其党组织要么无法正常建立,要么处于涣散状态。从时间段而言,1949 年至 1956 年,在中国共产党领导下,随着政权的逐步巩固,包括全国人大在内的各级国家权力机关纷纷建立,并随之成立了全国人大常委会机关党组;1957 年至 1976 年,受各种政治运动的冲击,全国人大无法正常行使职权,相应的党组织亦无法正常建立及展开活动,立法基本处于停滞状态;"文化大革命"结束后,中国政治逐步走向常规化,由阶级斗争转向以经济建设为中心,由侧重用政治手段解决问题转向以法律手段解决问题,在此期间,全国人大的各种制度亦逐步健全,其内部设立的各类党组织在立法中发挥的相应作用开始引起人们的关注。

1. 全国人大常委会机关党组

有研究者认为,从 1954 年全国人民代表大会制度被确立为国家政权组织形式,到 1979 年五届全国人大二次会议通过新的《中华人民共和国地方各级人民代表大会和地方各级人民政府组织法》和《中华人民共和国全国人民代表大会和地方各级人民代表大会选举法》(以下简称《选举法》),执政党对全国人大的领导和控制主要采用的方法是组织渗透和人事控制。所谓组织渗透,指的是执政党通过在全国人大及其常委会中设立党组、临时党组和机关党组来实现对其领导和控制。[2] 其实,这一时期全国人大的党组织

[1] 艾立华、孙淑萍:《党组及其作用的历史考察》,载《大庆社会科学》1993 年第 10 期;张书林:《党组的历史发展轨迹探究与梳理》,载《中共桂林市委党校学报》2006 年第 1 期;胡南:《中共党组制度的历史逻辑、运作机理及实践要求》,载《华侨大学学报(哲学社会科学版)》2020 年第 3 期。尤其可参见徐高峰:《中国共产党在人大设立党组的前前后后》,载《红广角》2014 年第 9 期。

[2] 魏姝:《从组织渗透到多元化策略:执政党对人大的领导与控制方法研究》,载《江苏行政学院学报》2015 年第 4 期。

只有 1956 年 1 月成立的全国人大常委会机关党组,并无常委会党组和临时党组,机关党组书记由全国人大常委会副秘书长兼办公厅主任张苏担任。

但这并不意味着,相比于其他国家机关,全国人大制定法律受中国共产党控制力度较小:第一,从时间角度,直到 1954 年 9 月才召开第一届全国人大第一次会议,这远远晚于其他国家机关成立的时间。但全国人大成立后,不论是宪法还是其他法律,其产生的过程始终在中国共产党的领导之下;第二,受政治运动影响,1956 年党的八大党章要求国家机关设立党组,但此后发生的"反右""四清"等政治运动,使全国人大工作受到严重干扰,常委会党组亦未能成立。这意味着,政治运动前,全国人大常委会的机关党组始终发挥着作用,运动发生后,全国人大及其他国家机关(包括党组织)皆受到影响;第三,从领导者角度,第一届全国人大常委会委员长刘少奇在党内排名第三。事实上,立法仍然由中国共产党主导制定。即便如此,在全国人大设立各类党组织,仍是当时中国共产党对国家治理的内在逻辑和必然要求。

2. 全国人大常委会党组

根据 1977 年党的十一大党章恢复设立党组的规定,1978 年 5 月,中共中央设立全国人大常委会党组,常委会委员长叶剑英为党组书记。六届全国人大期间(1983 年 6 月至 1988 年 4 月)继续设立机关党组,但未设人大常委会党组,主要原因据《彭真传》记载,"对本届常委会是否成立党组,彭真提出的设想和建议是,全国人大常委会作为国家权力机关,不再成立党组,也可以说中央政治局常委会、中央书记处就是全国人大常委会的党组。由于常务副委员长陈丕显兼着中央书记处书记的职务,全国人大常委会需要决定的问题,就由陈丕显直接向中央书记处报告。"[1]这一点说明,每届全国人大常委会党组的存在时间与该届全国人大常委会的任期相同(因为每届常

---

〔1〕《彭真传》编写组编:《彭真传》(第四卷),中央文献出版社 2012 年版,第 1578 页。

委会委员长和副委员长中的中共党员会有不同,由他们组成的党组亦会有别于往届),也即是说,新一届全国人大常委会成立后,原有党组解散;此时,要么重新成立党组,要么由其他主体承担党组的职能。不论哪种方式,其目的都是为了更有效地贯彻党的意志。

3. 全国人大常委会党组织的常态化

七届全国人大(1988 年 4 月至 1993 年 3 月)至今,全国人大常委会皆设立党组,常委会委员长任党组书记。1991 年《中共中央关于加强对国家立法工作领导的若干意见》出台后,在立法领域中,连接中共中央与全国人大常委会党组织(党组、机关党组、临时党组等)的是全国人大常委会党组,迄今未有改变。

根据《吴邦国论人大工作》记载,全国人大常委会党组成员包括委员长会议组成人员中的中共党员;常委会机关党组成员一般包括秘书长和拥有中共党员身份的副秘书长;常委会临时党组覆盖前述两个党组织无法覆盖的中共党员委员,其功能在于,除了避免外界的"干扰",还可以"在党内充分讨论,以便达到统一思想、统一认识的目的"。[1] 这三个党组织涵盖的成员身份具有的共同点有二:一是党员,二是全国人大常委会委员。从而,党的政治精英和技术官僚精英的"身份同构性"[2],在他们身上得到有机的统一。这种"身份同构性"体现了美国经济学家康芒斯笔下的"双重人格"[3]。为了落实党组织的要求,他们不但要身体力行,还要影响非党员委员/代表,通过立法将党的意志变成国家意志。

---

〔1〕 吴邦国:《吴邦国论人大工作》(上),人民出版社 2017 年版,第 34—35 页。

〔2〕 胡南:《中共党组制度的历史逻辑、运作机理及实践要求》,载《华侨大学学报(哲学社会科学版)》2020 年第 3 期。

〔3〕 康芒斯提道:"运行中的机构,不论是公的还是私的,不论是政府或公司,当然都是通过自然人行动的,而且为了采取行动,所以这些人都具有双重人格。一方面他们是官员、代理人、雇员,他们个人意志融合在集体意志之中;同时他们又是以其他身份行动的个人,或者是作为其他组织或机构的成员。"参见[美]约翰·R. 康芒斯:《资本主义的法律基础》,寿勉成译,商务印书馆 2011 年版,第 184—185 页。

4. 全国人大开会期间的党组织

全国人大开会期间的党组织包括全国人大临时党组、主席团临时党委、代表团临时党支部,它们的共同特点是“临时性”[1]。所谓“临时性”是指全国人大会议结束后,设立在大会下的临时党组织自动解散,待下一年度的全国人大开会前,再重新组成相应的党组织。同时,全国人大下设的专门委员会也有相应的党委。2012 年党的十八大后,各专门委员会的党组织建设速度加快,截至 2017 年 5 月,全国人大九个专门委员会皆设立党组(此前为临时党委)。至此,中共党组织对全国人大和全国人大常委会制度化地实现全部“嵌入”[2]。

(二)全国人大常委会党组织之间的关系

2019 年“新华网”有一项关于全国人大常委会党组会议的报道:“会议听取了机关党组关于机关党建和开展主题教育情况的汇报,……要进一步加强对机关党组、专门委员会分党组的领导,坚持并完善听取党建工作汇报、重大事项请示报告等制度,确保党中央关于全面从严治党的部署要求落地生根。”[3]根据《全国人大组织法》第 34 条,全国人大下设的各专门委员会在全国人大闭会期间受全国人大常委会领导,相应地,其分党组也应受全国人大常委会党组领导。由此可以得知,全国人大党组织之间的关系包括:

[1] 地方人大也是如此。根据 1990 年《中共中央关于地方党委向地方国家机关推荐领导干部的若干规定》第 6 条:“地方人民代表大会开会期间,大会主席团和各代表团应成立临时党组织,在同级党委领导下进行工作。临时党组织在选举工作中的主要任务是:宣传贯彻党的干部路线、方针、政策;向人大代表中的党员介绍党委的人事安排方案,贯彻党委的意图;向党委反映人大代表提出的意见和建议。人大代表和人大常委会组成人员中的党员,要积极贯彻党委意图,带头依法办事,正确履行职责。对党委推荐的人选有不同意见,应向党组织反映。不得利用散发传单、传播不实传闻等方式,影响他人依法表达选举意志。”参见《中共中央关于地方党委向地方国家机关推荐领导干部的若干规定》(1990 年 1 月 12 日),载张家口市纪委监察网。

[2] 除此之外,还包括法制工作委员会这种全国人大常委会下设的专门机构的党组织。由于法工委人员多数并非全国人大代表和全国人大常委会委员,因此,法工委党委不是此处讨论的对象。

[3] 《全国人大常委会党组召开会议 栗战书主持并讲话》,载新华网。

第一，全国人大临时党组领导全国人大主席团临时党委、代表团临时党支部和各委员会分党组；第二，在全国人大闭会期间，全国人大常委会党组领导全国人大常委会机关党组、各委员会分党组和临时党组（表7－1）。

表7－1　全国人大系统内党组织一览表

	党组	党委
全国人民代表大会	全国人大临时党组	主席团临时党委 代表团临时党支部 各委员会分党组
全国人民代表 大会常委会	全国人大常委会党组	常委会机关党组 各委员会分党组 临时党组

资料来源：景跃进、陈明明、肖滨主编：《当代中国政府与政治》，中国人民大学出版社2016年版，第73页。本书对原表有所修正。

（三）全国人大党组织与中共中央的关系

六届全国人大期间，沟通全国人大常委会党组织与中共中央的机构是全国人大常委会机关党组与法制工作委员会（法工委）党组两个党组织，机关党组“遇有重大问题，需要向中央请示时，由机关党组向中央报告”，至于“立法工作中遇有重大问题，需要向中央请示的，由法工委党组向中央报告。”[1]六届全国人大后，全国人大党组织与党中央之间的关系成为常态，即按照党的纪律“下级组织服从上级组织”[2]的原则，全国人大主席团临时党委、全国人大闭会期间的全国人大常委会党组服从中共中央领导。全国人大立法过程中的请示报告制度以及每年一月全国人大常委会党组向中共中央政治局进行汇报工作，也体现了这一点。

---

〔1〕《彭真传》编写组编：《彭真传》（第四卷），中央文献出版社2012年版，第1578页。

〔2〕《中国共产党章程》第10条第1款；《毛泽东选集》（第二卷），人民出版社1991年版，第528页。

上述关系从形式上虽凸显出中共组织方面“下级服从上级”的要求,但最终仍要落实到“全党服从中央”的目标之上。换言之,全国人大的上述党组织的建立从根本上而言,皆是为了更有效地落实党的意志,进而将这种意志以国家法律的形式呈现出来。在此过程中,各类党组织事实上亦行使相应的公权力。这一现实提醒学者注意,要真正理解全国人大的立法过程,仅关注人大自身的制度尚远远不够,还必须“将政党带进来”[1],以便了解政党在立法中具体充任着何种角色。

三、全国人大党组织在立法中充任的角色

尽管《宪法》《立法法》及其他有关法律强调“中国共产党领导”[2],但后者如何领导并不见诸任何法律文本之中,有学者认为在现实中,“中国的立法过程深受政党等因素影响几乎是历史注定的,久而久之的惯例以及党的内部规章扮演了无法估量的角色。正是这种来自正式的规则制约之外的影响,形成了当代中国立法过程中大量的‘非正式规则’”[3]。这里的“党的内部规章”主要是执政党制定的各种政策(包括党内法规)中涉及的立法内容或者专门的立法文件,而“久而久之的惯例”既包括制度性的惯例(比如中共中央向全国人大常委会提出修宪建议),也包括非制度性惯例(比如高级领导人在立法过程中的影响等)。通过对党和国家领导人及专门立法工作者的年谱、回忆录、文集进行考察,综合学界已有研究,[4]可从以下几个方面勾

---

〔1〕 景跃进:《将政党带进来——国家与社会关系范畴的反思与重构》,载《探索与争鸣》2017 年第 8 期。

〔2〕 对该问题的考察,参见本书第一章。

〔3〕 韩丽:《中国立法过程中的非正式规则》,载《战略与管理》2001 年第 5 期。

〔4〕 例如,韩丽:《中国立法过程中的非正式规则》,载《战略与管理》2001 年第 5 期;封丽霞:《执政党与人大立法关系的定位——从“领导党”向“执政党”转变的立法学阐释》,载《法学家》2005 年第 5 期;Murray Scott Tanner, *The erosion of Communist Party Control over Lawmaking in China*, the China Quarterly, Vol. 138 (June 1994), pp. 388 – 393。

勒全国人大党组织在立法中充任的角色。

(一)落实中央指示

一方面,全国人大要贯彻党的意见,“全国人民代表大会是国家最高权力机关,并不是不要党的领导。做人大常委会工作的,要时刻注意党的领导,我们要贯彻的不是个人意见,而是中共中央的意见,是党的意见”[1];另一方面,党对立法的领导,不是对立法机关直接下达指示和命令,而是先将指示和命令下达给全国人大的党组织,通过党组织来影响立法,后者“坚决贯彻落实党的理论和路线方针政策,坚决贯彻落实党中央重大决策部署”[2]。质言之,党的中央组织或党的中央领导人以中央名义下达的党的路线、方针、政策、指示、决定后,全国人大的党组织(主席团临时党委/常委会党组)作为下级党组织,根据党的组织原则,必须在领会、学习的基础上进行传达和落实。此时,在人大中担任领导职务的党员干部,“在工作中都必须维护党委的权威,坚决贯彻党委的决策”。[3] 由此,党的意志以全国人大党组织这个中介,通过立法程序而变成国家意志。

以 1998 年全国人大常委会制定《中华人民共和国高等教育法》为例,在讨论草案时,对于是否应把“党委领导下的校长负责制”写进去有不同意见。中共中央认为应在“高校实行党委领导下的校长负责制”,[4]其意见通过人大党组传达,由全国人大常委会党组向全国人大常委会以“议题”的形式要求讨论,全国人大常委会遂召开会议进行讨论,在相关条文有争议的情况下,时任全国人大常委会委员长的李鹏认为应当写进去:“关于党的领导,法

〔1〕《彭真传》编写组编:《彭真年谱:1902—1997》(第五卷),中央文献出版社 2012 年版,第 91 页。

〔2〕《中国共产党党组工作条例》第 4 条第 1 款。同时,第 17 条第 1 款规定:“党组讨论和决定本单位下列重大问题:(一)党组贯彻落实党中央以及上级党组织决策部署的重大举措。”

〔3〕《江泽民文选》(第三卷),人民出版社 2006 年版,第 226 页。

〔4〕李鹏:《立法与监督——李鹏人大日记》,新华出版社、中国民主法制出版社 2006 年版,第 93 页。

律条文该写就写,不需要写就不写”,因为“人大必须贯彻中央意图。如果全国人大常委会会议一次通过不了,下次再审议通过”。[1] 为了通过相关规定,他认为应先在党组“统一思想”[2],最终该法在九届全国人大常委会第四次会议通过。

(二)通过请示报告制度进行上传下达

在中国共产党的历史上,请示报告制度最早可见于毛泽东起草的《关于建立报告制度》一文(1948 年 1 月 7 日中共中央发布)。在对该文多次补充的基础上,1948 年 9 月,中共中央政治局会议通过了《中央关于各中央局、分局、军区、军委分会及前委会向中央请示报告制度的决议》,对“各项工作中何者决定权属于中央,何者必须事前请示中央,并得到中央批准后才能付诸实行,何者必须事后报告中央备审”都作了详细规定,“标志着党内请示报告制度在全党全军最终确定下来”[3]。1953 年初,毛泽东认为政府工作存在分散主义的意见,周恩来于 2 月 19 日在北京主持召开了关于加强政府各部门向党中央请示报告座谈会。[4] 3 月 10 日,周恩来主持起草《中共中央关于加强中央人民政府系统各部门向中央请示报告制度及加强中央对于政府工作领导的决定(草案)》,要求“今后政府工作中一切主要的和重要的方针、政策、计划和重大事项,必须经过党中央的讨论和决定或批准”[5]。请示报告制度的不断完善,一方面使得该制度愈发健全,另一方面也说明实践中该制度执行得并不理想,从而使得中国共产党通过对该制度的逐步完善来加

---

〔1〕 李鹏:《立法与监督——李鹏人大日记》,新华出版社、中国民主法制出版社 2006 年版,第 90 页。

〔2〕 同上书,第 91 页。

〔3〕 王定毅:《党内请示报告制度的建立》,载《人民日报》2015 年 12 月 8 日第 18 版。

〔4〕 中共中央文献研究室编:《周恩来年谱(一九四九——一九七六)》(上),中央文献出版社 2007 年版,第 285 页。

〔5〕《中共中央关于加强中央人民政府系统各部门向中央请示报告制度及加强中央对于政府工作领导的决定(草案)》,载中国经济网。

强领导,实现权力的集中。

在立法领域中,请示报告制度也经历了一个逐步规范化的过程。[1] 在请示主体上,曾出现过高级领导人、法制委员会党组、法工委党组、全国人大常委会党组等;在请示对象上,曾出现过中央政治局常委(尤其是排名第一的常委)、中央书记处、中央委员、中央政治局、中央政治局常务委员会等;在规范依据上,有1979年中共中央办公厅印发的《彭真同志关于制定和修订法律、法规审批程序的请示报告》,1989年1月,时任全国人大常委会副委员长的彭冲在给中央的一份报告中说,“必须强调各级人大党组织要建立和健全向同级党委的请示报告制度”。[2] 1991年通过的《中共中央关于加强对国家立法工作领导的若干意见》,对全国人大常委会党组向中央请示汇报的立法领域范围、批准或同意请示汇报的主体、中央领导立法工作的日常机构等方面作出了进一步规定,在一定程度上标志着请示报告的逐渐规范化。[3]

随着时代的变迁和立法过程的不断深入,请示报告制度在规范上有必要继续进行修订,2014年党的十八届四中全会强调,“加强党对立法工作的领导,完善党对立法工作中重大问题决策的程序。凡立法涉及重大体制和重大政策调整的,必须报党中央讨论决定。党中央向全国人大提出宪法修改建议,依照宪法规定的程序进行宪法修改。法律制定和修改的重大问题由全国人大常委会党组向党中央报告”。2015年3月8日,时任全国人大常委会委员长的张德江在十二届全国人大三次会议上作全国人大常委会工作报告时说:“我们健全请示报告制度,对人大工作中的重大问题、重要事项,

---

〔1〕 具体内容,参见郭辉:《全国人大立法中的“请示”制度——体现、内涵和趋势》,载《澳门法学》2016年第3期。

〔2〕 彭冲:《民主法制论集》,中国民主法制出版社1993年版,第77页。

〔3〕 有学者认为,“从六届人大开始,党领导立法活动更加制度化、规范化、程序化”,参见田侠:《党领导立法实证研究——以北京市人大及其常委会为例》,中国社会科学出版社2016年版,第125页。若结合本书中提及的1991和2016年中共领导立法的两个文件进行对比,亦可验证该书的观点。

由常委会党组及时向党中央请示报告,依法按程序做好相关工作。”[1]同年6月制定的《中国共产党党组工作条例(试行)》第19条提到“建立健全党组向批准其设立的党组织请示报告工作制度”,2016年《中共中央关于加强党领导立法工作的意见》将该条文进一步具体化。此外,2019年1月中共中央政治局制定出台的《中国共产党重大事项请示报告条例》同样涵盖立法中的请示制度。这些文件对请示报告制度的指导思想、请示主体、具体对象、具体方式、保障措施等进行了明确规定。

尽管理论上对什么是“中共中央”[2]、什么是“重大问题”[3]等仍有可供探讨的空间,但根据上述材料,结合每年1月中共中央政治局听取全国人大常委会党组汇报工作的实践,可以判断,在全国人大立法中,党组织通过请示报告制度,将中共中央与立法机关有机地联系起来,使得全国人大立法过程中始终贯彻着党的领导。具体而言,对于立法规划(包括具体法律的立改废释)、法律修订过程中的重要争议、法律(包括立改释)草案、法律草案说明书等,全国人大常委会党组都要向中央进行请示报告;中央批准后,党组再传达给全国人大常委会(或者全国人大主席团临时党委传达给全国人大主席团),后者根据法律规定进行后续工作。万里谈及自己担任全国人大常委会委员长(党组书记)期间的工作时言道:“人大发挥作用,必须得到党委的支持,这是最基本的一条。我到人大后,每次开会前党组都向中央写个报告,涉及国务院的事都同总理商量,这样我们就畅行无阻了。”[4]

---

〔1〕《张德江说,全国人大及其常委会始终把坚持党的领导贯彻于人大工作各方面、全过程》,载新华网。由此可以看出,2003年至今的现有数据,不如王汉斌和李鹏作品中体现的请示制度那么多,但该制度作为立法过程中的一种现实是一直存在的。

〔2〕刘松山:《党领导立法工作需要研究解决的几个重要问题》,载《法学》2017年第5期。

〔3〕参见郭辉:《全国人大立法中的“请示”制度——体现、内涵和趋势》,载《澳门法学》2016年第3期。

〔4〕《万里文选》,人民出版社1995年版,第603页。

（三）确保党员代表（委员）的数量达到特定比例

众所周知，表决是立法程序的重要一环。按照《宪法》和《立法法》规定，除《宪法》的修改需要全体代表的 2/3 以上才能通过外，其他法律的通过需要过半数。因此，要使党的主张成为法律，一个比较保险的措施是，让立法机关超过半数（甚至超过 2/3）的成员拥有中共党员的身份。在此意义上，就不难理解，中共党员占人大代表中的多数，是“党管干部”的组织领导在人大工作中的一个重要体现。

保证全国人大代表中的中共党员（人大常委会中的中共委员）占据多数，起码可以在技术（党性）上，即通过投票保证立法能够与党的主张保持一致。尽管《选举法》并没有规定人大代表中的党员比例，但在实践中，这一比例在立法机关组成人员中一直占据绝对优势（表 7－2）。例如，前三届全国人大的党员比例介于 50% 至 60% 之间，从七届全国人大开始，党员比例始终维持在 66% 以上，九届全国人大以后，比例维持在 70% 以上；对全国人大常委会而言，除前三届外，党员委员的比例基本维持在 70% 左右。由此，若以修宪为例即可看出，中共党员在全国人大和全国人大常委会的组成比例，一方面可以保证中共的修宪建议在全国人大常委会获得认可，从而让全国人大常委会向全国人大提出宪法修改议案；即使全国人大来不及开会，也可以发动各代表团中的党员，以超过 1/5 的代表进行提议[1]。另一方面，这种比例也保证了全国人大以超过 2/3 的多数票通过宪法修正案。[2]

---

〔1〕 比如 1993 年修宪时，八届全国人大以此会议审议期间，一些常委会组成人员和民建（中国民主建国会）中央向中共中央建议在《宪法》序言部分增加多党合作和政治协商等制度，中共中央采纳了这些建议并向会议主席团提出了修宪的补充建议，当时全国人大常委会来不及开会，最后的处理方式是大会党的领导小组和主席团常务主席会议决定由北京市等三十二个代表团的 2383 名代表签名，联合提出对宪法修正案的补充草案。参见王汉斌：《王汉斌访谈录——亲历新时期社会主义民主法制建设》，中国民主法制出版社 2012 年版，第 140 页。

〔2〕 郭辉：《中共如何领导修宪——以十次修宪为例进行的考察》，载《当代中国研究期刊》2019 年第 2 期。

表7-2　中共党员在全国人大代表和全国人大常委会组成人员中的比例

届别	全国人大代表			全国人大常委会组成人员		
	总人数（人）	中共党员（人）	党员比例（%）	总人数（人）	中共党员（人）	党员比例（%）
一届	1226	668	54.49	79	40	50.6
二届	1226	708	57.75	79	40	50.6
三届	3040	1667	54.84	115	67	58.3
四届	2885	2217	76.85	167	129	72.3
五届	3497	2545	72.78	196	153	78.1
六届	2987	1861	62.49	155	113	72.9
七届	2970	1986	66.87	155	107	69
八届	2978	2036	68.39	155	108	69.7
九届	2979	2130	71.5	155	102	65.8
十届	2984	2178	72.99	175	123	70.3
十一届	2979	2195	73.68	174	119	68.4
十二届	2918	2108	72.24	175	116	66.28
十三届	2969	2177	73.32	175	123	70.29

资料来源:全国人大代表资料,参见朱景文主编:《中国人民大学 中国法律发展报告2010:中国立法60年——体制、机构、立法者、立法数量》(上册),中国人民大学出版社2011年版,第107—108页;第十二届数据参见王锴:《政党国家理论述评》,载《中国法律评论》2018年第1期;第十三届资料根据中国人大网"全国人大代表信息"栏统计而得(载中国人大网),目前所见代表总数是2969名,与2018年2月官方发布的2980名不尽一致(载搜狐网)。全国人大常委会组成人员资料,参见朱景文主编:《中国人民大学 中国法律发展报告2010:中国立法60年——体制、机构、立法者、立法数量》(上册),中国人民大学出版社2011年版,第63页。其中一届至八届资料,参见蔡定剑:《中国人民代表大会制度》,法律出版社1998年版,第241页;第十二届数据参见王锴:《政党国家理论述评》,载《中国法律评论》2018年第1期;第十三届人大常委会人员总数来源于中国经济网(载中国经济网),其中党员人数根据中国人大网"全国人大代表信息"栏统计而得(载中国人大网)。

要实现上述目标的一个前提是,必须让特定数量的可靠党员成为代表/委员。对于全国人大常委会委员的产生,根据《全国人民代表大会组织法》

第13条,全国人大常委会委员长、副委员长、秘书长、委员的人选,由主席团[1]提名,经各代表团酝酿协商后,再由主席团根据多数代表的意见确定正式候选人名单。

对于全国人大代表的产生,根据现行《选举法》第9条和第17条,全国人大常委会主持全国人大代表的选举,并决定代表名额的具体分配,同时,根据第32条规定,全国人大代表候选人并不限于省级人大代表。有学者指出,“主席团就能够根据党组织的安排和实际政治情势发展的需要主动提出代表候选人,这种制度性安排,也为上级安排并下达代表参选名额即‘戴帽选举’提供了法理说辞”。[2] 根据《党政领导干部选拔任用工作条例》第46条规定:“党委向人民代表大会或者人大常委会推荐需要由人民代表大会或者人大常委会选举、任命、决定任命的领导干部人选,应当事先向人民代表大会临时党组织或者人大常委会党组和人大常委会组成人员中的党员介绍党委推荐意见。人民代表大会临时党组织、人大常委会党组和人大常委会组成人员及人大代表中的党员,应当认真贯彻党委推荐意见,带头依法办事,正确履行职责。”

可见,全国人大主席团内的党组织(主席团临时党委)及各代表团内的党组织(代表团临时党支部)对党员代表的最终当选将发挥重要作用。正如曾任七届全国人大常委会委员和法律委员会副主任委员的江平所说,“只要中央确定了你是全国人大代表候选人,那你就肯定能够当选”[3],全国人大常委会委员亦不例外。

---

〔1〕 主席团的产生,根据《全国人民代表大会组织法》第11条,全国人大每次会议举行预备会议,选举本次会议的主席团,预备会议由全国人大常委会主持,每届全国人大第一次会议的预备会议,由上届全国人大常委会主持。由于中共中央通过全国人大常委会党组织领导全国人大常委会的工作,因此,主席团的产生必然体现中国共产党的人事安排。

〔2〕 邱家军:《人大代表选举中政治把关权的运行维度》,载《复旦政治学评论》(第6辑),上海人民出版社2008年版,第114页。

〔3〕 江平口述、陈夏红整理:《沉浮与枯荣:八十自述》,法律出版社2010年版,第322页。

（四）开会动员保证法律获得通过

全国人大的党员代表（全国人大常委会中的党员委员）发挥的作用要通过党委来实现。1979 年 6 月 25 日，邓小平在五届全国人大二次会议党内负责人会议上曾明确提出党委领导的方向，“以后，党委领导的作用第一条就是应该保证法律生效、有效”〔1〕。但在实践中，这一要求贯彻得并不顺利。20 世纪 80 年代，在党政分开的背景下，当时立法的指导思想是“不搞强行通过”。例如，彭真主持立法工作期间，强调“法律不搞强行通过，不搞微弱多数通过。法律草案如有原则争议，不列入议程”〔2〕，言外之意，即立法表决“不打无准备之仗”。据《彭真年谱：1902—1997》记载，1986 年制定企业破产法过程中，彭真在全国人大常委会委员长会议上指出，“从各方面审议的意见看，企业破产法草案提交常委会表决，赞成的可能不到全体委员的半数以上，可否建议本年底召开的常委会会议不作决定。这一提议得到会议的同意”。〔3〕 这体现出两个问题：其一，企业破产法草案争议非常大，全体常委会委员中不赞成的比例可能超过半数；其二，与之相关的是，七届人大常委会中的一部分中共委员对法律草案具有相当程度的独立看法。

这种相对独立性，可以说是立法民主的体现，它有利于提升立法品质，在更大程度上获得广泛共识，从而使草案达致更高的正当性。但是，从效率角度，它有可能与党的领导（尤其是立法通过的时间节点一旦确定）发生抵牾。在党的领导方面，对党员代表的要求是〔4〕：

---

〔1〕 中共中央文献研究室编：《邓小平年谱（一九七五——一九九七）》（上），中央文献出版社 2004 年版，第 527 页。

〔2〕 李海文、王燕玲编：《世纪回眸——忆新中国法制奠基人彭真》，群众出版社 2002 年版，第 177 页。

〔3〕 《彭真传》编写组编：《彭真年谱：1902—1997》（第五卷），中央文献出版社 2012 年版，第 373 页。

〔4〕 张友渔：《关于人民代表大会代表的任务、地位、职权和活动方式的问题》，载《张友渔文选》（下卷），法律出版社 1997 年版，第 401—402 页。

必须遵守党的纪律，发言、表决都不能违反党的方针、政策、决议、指示。你是代表，但首先是党员，不能因为当了代表就可以不遵守党纪。党当然不能对所有代表发号施令，但作为党员，不管你是代表也好，政府组成人员也好，都得按党的方针政策办事。……假设代表大会有的人提出错误的东西，党反对这个东西，党员代表当然也应该反对……对党员来说，错的就要干涉。

不但如此，各级党委通过人大中的党组织，在对党员代表作思想政治工作的基础上对非党员的代表进行说服、教育、团结，“让他们同意，至少是不反对。”〔1〕

同样，如何保证多数代表的态度与中央保持一致，表面上是一个法律问题（涉及立法规划能否落实），但更是一个政治问题（中国共产党领导在立法中的实现）。确切而言，是中国共产党的意志转换为法律意志的必经途径。因此，在法案表决前做好立法成员的工作，是立法机关党组织的重要职能。上述案例也说明，不论是全国人大的党员代表还是全国人大常委会的党员委员，面临着一个共同问题：作为党员的身份与作为代表的身份可能发生矛盾，即作为代表，基于各种原因可能对法案投反对票或弃权票；但作为党员，又要履行党员义务，必须投赞成票。此时，全国人大的各类党组织通过开会动员、“做工作”，将两种身份进行统一。

这种做法在全国人大的其他党组织也同样存在。比如，十届全国人大常委会设立的临时党组，其功能如前所述，即除了避免外界的“干扰”，还可以“在党内充分讨论，以便达到统一思想、统一认识的目的”。〔2〕 以2004年修宪为例，在2003年12月22日全国人大常委会中共党员委员会议上，时任

---

〔1〕 张友渔：《关于政治体制改革和地方人大常委会工作的问题》，载《张友渔文选》（下卷），法律出版社1997年版，第514页。

〔2〕 《吴邦国论人大工作》（上），人民出版社2017年版，第34—35页。

党组书记吴邦国强调[1]：

> 提交这次常委会讨论的《中共中央关于修改宪法部分内容的建议》，就是党的主张，全国人大及其常委会要通过法定程序把它变成国家意志，这是每一位人大常委会的中共党员委员义不容辞的责任。我们党委会委员中的中共党员，不仅自己要把思想统一到《中共中央关于修改宪法部分内容的建议》上来，还要在审议过程中做好党外委员的工作，充分发挥共产党员的模范带头作用，确保宪法修改工作的顺利进行。

2008 年“两会”上，时任中共中央总书记的胡锦涛对全国人大常委会的上述制度给予肯定，他认为“‘这是加强党对人大工作的领导、确保党对国家和社会事务实施领导的一项重要举措’，不仅应该继续坚持，而且要推广到县级以上各级人大常委会，并形成制度。”4 月 22 日，吴邦国在全国人大常委会中共党员委员会议上再次强调[2]：

> 在座的各位同志第一是党员，第二是委员。必须牢固树立党员意识，严格遵守党的组织纪律，切实做到个人服从组织，少数服从多数，下级服从上级，全党服从中央，始终同党中央保持高度一致。对人大工作中遇到的重大问题，中央一旦作出决定，党员委员必须坚决执行，绝不能自作主张，或以个人的好恶各行其是。在这个党性原则问题上，不能有丝毫含糊。同时，要做好党外委员的工作，在分组审议时，要带头发言，发挥主导作用，善于用自己的语言阐述中央精神，引导党外委员把思想统一到中央精神上来，确保中央的重大决策和意图在人大得到圆满落实。

---

〔1〕《吴邦国论人大工作》（上），人民出版社 2017 年版，第 139 页。
〔2〕《吴邦国论人大工作》（下），人民出版社 2017 年版，第 445、446—447 页。

上引案例虽然不能说明每一个法案都要对代表或委员"做工作",但这种"做工作"至少有两个功能:其一,可以最大限度地争取党外代表/委员,让他们的决定与中央所欲实现的目标一致;其二,可以有效地解决党员代表/委员身份上的矛盾,从而使党的领导从理论和制度上得以落实。通过这些不同类型的党组,可以使代表/委员中的党员履行党员义务,与中央保持一致。以党组织为中介,使得党领导立法(包括修宪)的效果毫无例外地得到实现:"至今全国人大及其常委会从未否决一项党中央授意的法律,也没有哪一部法律未经党中央批准而在全国人大或常委会中通过的。"〔1〕

四、如何理解全国人大党组织在立法中的角色

对于全国人大立法中党组织的上述角色,应通过何种理论进行解释,目前并没有通行的观点。有些学科的理论范式,诸如政治学领域使用的"威权政治合法化"〔2〕、法律史领域使用的"表达/实践"〔3〕、法社会学领域使用的"书本上的法/行动中的法"〔4〕,等等,可以说,同样适用于中国的立法领域。不过,这些理论至少面临的一个问题是,它们从字面上不能呈现出中国立法的特色,因为这些范式在执法、司法、纠纷解决领域同样适用。前述论者将党的组织与立法机构之间的关系称为立法的"非正式性",则仅描述了党组织在立法中的一个方面,没有涵盖其"正式性"的一面。对此,本书拟将全国人大党组织在立法过程中充任的角色定位为"党政体制下的双重立法者"。

〔1〕 秦前红:《执政党领导立法的方式和途径》,载《中国法律评论》2014年第3期。
〔2〕 例如吴国光关于中国共产党全国代表大会的研究,参见吴国光:《权力的剧场:中共党代会的制度运作》,香港中文大学出版社2018年版。
〔3〕 黄宗智:《清代的法律、社会与文化:民法的表达与实践》,上海书店出版社2007年版,"重版代序",第2—4页。
〔4〕 朱景文主编:《法理学》(第四版),中国人民大学出版社2021年版,第448页。

所谓“党政体制”,是沿用景跃进等人的用法,它是“中国共产党领导的政治体制”的简称,反映了中国政治的结构性特征,是对中国政治经验现实的归纳和概括,“党政体制中存在着双重层级组织。除了政府官僚制之外,执政党本身也是一个巨大的等级体系。从中央到地方,不同层级的党组织与政府组织相依并存”,“党政体制的奥秘在于,作为一个复合体,它既超越了政党组织的逻辑,也超越了政府组织的逻辑。它以一种特有的方式将两者整合在一起,自我生成了一种新的逻辑”,作为官僚制的政党结构“嵌入”或“重组”国家/政府结构。[1]

在全国人大立法领域,这种“党政体制”的特点亦非常明显,除了党与全国人大在组织形式上的同构性外(见表7-3),在全国人大开会和闭会期间,全国人大及其常委会中不同组织并存(见图7-1)。全国人大党组织通过请示制度、确保代表/委员中党员比例、落实党的纪律等方式,使得党的政策以国家意志得以体现。中国共产党对全国人大的“嵌入”,使得中国共产党和全国人大组成的双重层级组织既相依并存,又有着明确分工,从而形成了中国特色的立法体制。

表7-3 党与全国人大的组织结构对比表

中国共产党	人民代表大会
中国共产党全国代表大会	全国人民代表大会
中共中央委员会	全国人大常委会
中共中央政治局	—
中共中央政治局常委会	全国人大常委会委员长会议
中共中央书记处	全国人大常委会委员长办公会议
中共中央总书记	全国人大常委会委员长
中共中央办公厅	全国人大办公厅

资料来源:景跃进、陈明明、肖滨主编:《当代中国政府与政治》,中国人民大学出版社2016年版,第72页。

[1] 景跃进、陈明明、肖滨主编:《当代中国政府与政治》,中国人民大学出版社2016年版,第6页。

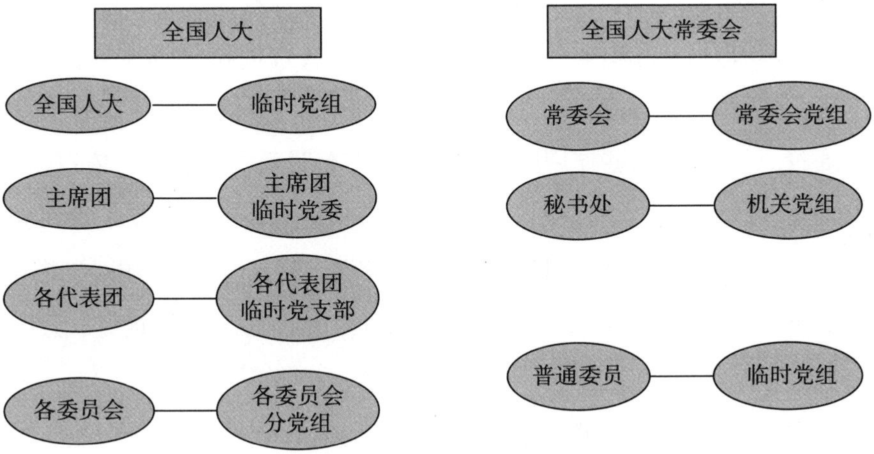

图7－1　全国人大及其常委会不同组织的并存

本章所指的“双重立法者”,是在卢群星“隐性立法者”术语基础上加以修改而成。所谓“隐性立法者”,是指以全国人大常委会法工委为典型,在立法规划(计划)、法案起草、协助法案审议和立法适用解释四大场域悄然发挥了立法者所不及的关键性作用,成为“显性立法者”之外的“隐性立法者”。[1] 以此作为参照,本章所指的“立法者”不是法律意义上享有立法权的国家机关,而是实质上对立法享有较大影响的全国人大党组织。在希腊历史上,立法者(Lawgiver)有两种含义:“一是编纂法典,使之成文化,并予以公布的政治家兼法学家……第二种是梭伦、来库古等实现了社会和政治制度上的重大改革的立法者兼最高政权的执掌者。”[2] 在此意义上,全国人大党组织尽管不如希腊历史上两类立法者起决定性作用,但是,如果缺少这些组织的存在,势必会严重影响立法的进程。

具体而言,全国人大各类党组织不仅在上述四大场域悄然发挥了立法者所不及的关键性作用,更重要的是,作为衔接党中央与最高权力机关的中

〔1〕 卢群星:《隐性立法者:中国立法工作者的作用及其正当性难题》,载《浙江大学学报(人文社会科学版)》2013年第2期。

〔2〕 顾准:《顾准文集》,贵州人民出版社1994年版,第190页。

介,几乎在整个立法过程中,通过请示报告等制度起着上传下达和承上启下的作用。同时,这些党组织可以要求自己的成员(含代表/委员身份)履行党员义务,尤其是通过自身行为影响非党员的代表/委员,以保证法律案获得多数通过。一方面,这些作用的发挥并非全都有明确的党规作为依据(例如开会动员、影响非党员代表和党员委员);另一方面,不论这些党组织在立法过程中的具体运作抑或作为其运作依据的党规,其公开程度皆相对模糊,[1]因而具有一定的"非正式性"。在此意义上,这些党组织可谓是"隐性立法者"。

所谓"显性立法者",意指全国人大各类党组织中的成员具有双重身份,他们虽然具有党员身份,但形式上又是享有立法权的国家政权机关的成员,在符合宪法与法律的前提下行使国家权力,在立法的具体程序上,享有提出议案、发言、审议、表决等权力。同时,各类党组织的领导,本身就是国家政权机关的领导人,例如全国人大临时党组书记、副书记、成员等,都是全国人大主席团的常务主席和秘书长等拥有中共党籍的领导人;全国人大常委会党组书记和副书记,分别是全国人大常委会委员长和拥有中共党籍的副委员长;全国人大常委会机关党组书记和副书记,是常委会秘书长和拥有党籍的副秘书长等(见表7-4)。在此意义上,他们遵循法定程序以国家名义行使立法权,体现着国家意志,尤其是在立法过程中所凸显的人大主导立法、科学立法、民主立法、依法立法,皆说明他们作为"显性立法者"的存在。[2]

---

〔1〕 例如1991年《中共中央关于加强对国家立法工作领导的若干意见》、2016年《中共中央关于加强党领导立法工作的意见》迄今并未公开。

〔2〕 根据《宪法》《立法法》《全国人大议事规则》《全国人民代表大会组织法》等法律规定,全国人大相应党组织作为"显性立法者"依法行使职权影响立法。鉴于该领域法律规定相对明确,且各种版本的立法学教材均有详尽呈现,故本章仅在正文中适当提及。

如果借用"中国共产党执政"[1]的概念,可以说,"显性"与"隐性"恰好说明这是中国共产党的"执政"行为在人大立法领域中的体现。

表7-4 全国人大及其常委会党组织成员的双重身份

全国人大		全国人大常委会	
全国人大临时党组书记、副书记、成员	全国人大主席团拥有中共党籍的常务主席、秘书长、成员	常委会党组书记、副书记	常委会委员长、拥有中共党籍的副委员长
各代表团临时党支部书记、副书记、成员	拥有中共党籍的各代表团团长、副团长、成员	常委会机关党组书记、副书记	常委会秘书长、拥有中共党籍的副秘书长
各委员会分党组书记、副书记、成员	各委员会主任、拥有中共党籍的副主任、成员	党委会临时党组书记、副书记、成员	常委会委员长、拥有中共党籍的副委员长和委员

需要指出的是,这里"显性"与"隐性"仅采用了它们的字面意思,并非指前者对立法的影响力大于后者。可以说,两种作用同等重要,都贯穿于立法的整个过程。以全国人大常委会制定立法规划和立法表决为例,要制定立法规划,至少要有两个程序。首先,由全国人大常委会党组通过请示制度获得中央同意(隐性立法);其次,再由全国人大常委会按法定程序审议并通过立法规划(显性立法),如果审议的结果对立法规划进行了调整,仍要向中央进行请示汇报工作(隐性立法)。在立法表决前,首先由全国人大常委会党组书记召开临时党组会议进行动员工作(隐性立法),再由全国人大常委会进行立法表决(显性立法)(见图7-2)。换言之,如果制定的法律非常重要、立法中又充满着各种变数,就决定了该过程中显性立法与隐性立法行为的增多,尤其以后者为甚。

[1] 所谓"执政",相对于"领导"而言,是指党的代表在合法地进入和掌控国家权力机构的前提下,以国家代表的名义行使国家权力,贯彻党的治国主张,处理全国的政治经济和社会事务,谋求和实现全国人民的利益的活动。参见石泰峰、张恒山:《论中国共产党依法执政》,法律出版社2012年版,第128—139页。转引自秦前红:《依规治党视野下党领导立法的工作的逻辑与路径》,载《中共中央党校学报》2017年第4期。

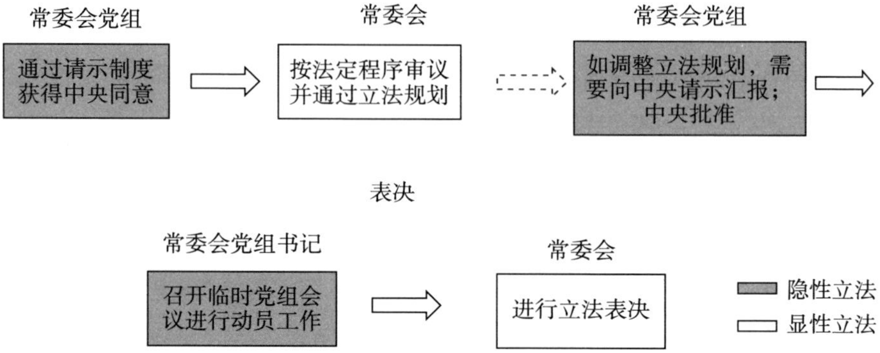

图7－2　显性立法与隐性立法在全国人大常委会立法规划和表决中的应用规划

此外,“显性”与“隐性”也是相对而言。中共十八届四中全会将党内法规体系纳入中国特色社会主义法治体系后,意味着传统上这些非正式规则开始走向前台,从“非正式政治”变成“正式政治”。可以预计,随着党内法规的不断健全尤其是其公开化、法治水平的提升,体现在全国人大立法领域内的“隐性”特质亦会向“显性”特质靠近;而曾经较为流行的研究中国政治问题的“非正式政治”视角[1],其解释力亦将相应减弱。

五、结语

通常情况下,人们理解当代中国的立法,不论是规范法学和社科法学的“平视”视角,还是普通民众的“仰视”视角,均不能有效地从微观而具体的运作过程来理解法律,特别是法律产生背后的政治影响。萨义德(Edward W. Said)曾言,“作为生活在历史中的人,我们认识我们所创造的东西,或者毋宁说,所谓认识就是去认识一个东西是怎么创造出来的,就是从人类的创造者

〔1〕 Lowell Ditter & Hoaruhiro Fukui et al., *Informal Politics in Ease Asia*, Cambridge University Press, 2000.

的视角去看它。”[1]在此意义上，本书可谓“俯视”的视角，即以全国人大中的党组织作为研究对象，以此作为透视当代中国共产党领导立法的一个窗口。从中可以看出，一方面，中国共产党在立法机关中娴熟地运用“党管干部”原则让党充任立法机关的代表；另一方面，全国人大中不同类型的党组织利用请示报告制度对中共中央的决策上传下达，以及立法表决前对组织内部成员的动员，使得党的意志最大程度地转变成为国家意志，体现了中国共产党在立法领域中的依法执政。这一行为的最终完成，始终离不开相应党组织在其中所发挥的作用，党组织作为一个主体而拥有的双重身份，在党政体制下对立法的影响区别于其他国家政党对立法的领导，可谓是立法的一个中国特色，或者是，在当今世界多元政体背景下政治与立法关系的“中国模式”。

[1] [美]爱德华·W. 萨义德：《人文主义与民主批评》，朱生坚译，胡桑校，上海三联书店2013年版，第13—14页。

参考文献

一、马列著作

《马克思恩格斯选集》(第四卷),人民出版社 1995 年版。

《马克思恩格斯全集》(第三十六卷),人民出版社 1974 年版。

二、党和国家领导人著作

《毛泽东选集》(第二卷),人民出版社 1991 年版。

《毛泽东选集》(第五卷),人民出版社 1977 年版。

毛泽东:《在扩大的中央工作会议上的讲话》,人民出版社 1978 年版。

《毛泽东文集》(第二卷),人民出版社 1993 年版。

《毛泽东文集》(第三卷),人民出版社 1996 年版。

《毛泽东文集》(第四卷),人民出版社 1996 年版。

《毛泽东文集》(第五卷),人民出版社 1996 年版。

《毛泽东文集》(第八卷),人民出版社 1999 年版。

《刘少奇选集》(上卷),人民出版社 1981 年版。

《建国以来刘少奇文稿》(第一册),中央文献出版社 2005

年版。

《陈云文选》(第一卷),人民出版社 1995 年版。

《董必武选集》,人民出版社 1985 年版。

《董必武政治法律文集》,法律出版社 1986 年版。

《谢觉哉日记》(下卷),人民出版社 1984 年版。

《薄一波文选》,人民出版社 1992 年版。

薄一波:《若干重大决策与事件的回顾》(上),中共党史出版社 2008 年版。

《邓小平文选》(第一卷),人民出版社 1994 年版。

《邓小平文选》(第二卷),人民出版社 1994 年版。

《邓小平文选》(第三卷),人民出版社 1993 年版。

中共中央文献研究室编:《邓小平文集(1949—1974)》(下卷),人民出版社 2014 年版。

《彭真文选》,人民出版社 1991 年版。

彭真:《论新时期的社会主义民主与法制建设》,中央文献出版社 1989 年版。

《胡耀邦文选》,人民出版社 2015 年版。

《万里文选》,人民出版社 1995 年版。

《江泽民文选》(第三卷),人民出版社 2006 年版。

李鹏:《立法与监督——李鹏人大日记》,新华出版社、中国民主法制出版社 2006 年版。

吴邦国:《吴邦国论人大工作》(上下),人民出版社 2017 年版。

王汉斌:《王汉斌访谈录——亲历新时期社会主义民主法制建设》,中国民主法制出版社 2012 年版。

王汉斌:《社会主义民主法制文集》(上下),中国民主法制出版社 2012 年版。

中共中央党史研究室编:《彭冲纪念文集》,中共党史出版社 2015 年版。

田纪云:《田纪云文集》(民主法制卷),中国民主法制出版社 2016 年版。

顾昂然:《新中国立法概述》,法律出版社 1995 年版。

顾昂然:《回顾我经历的立法工作》,法律出版社 2009 年版。

彭冲:《民主法制论集》,中国民主法制出版社 1993 年版。

习近平:《在中央党校建校 80 周年庆祝大会暨 2013 年春季学期开学典礼上的讲话》,人民出版社 2013 年版。

习近平:《在庆祝"五一"国际劳动节暨表彰全国劳动模范和先进工作者大会上的讲话》,人民出版社 2015 年版。

中共中央文献研究室编:《习近平关于全面依法治国论述摘编》,中央文献出版社 2015 年版。

《习近平谈治国理政》(第一卷),外文出版社 2018 年版。

《习近平谈治国理政》(第二卷),外文出版社 2017 年版。

《习近平谈治国理政》(第三卷),外文出版社 2020 年版。

习近平:《论坚持全面依法治国》,中央文献出版社 2020 年版。

习近平:《论中国共产党历史》,中央文献出版社 2021 年版。

三、党和国家领导人传记

《董必武传》撰写组编:《董必武传(1886—1975)》(下),中央文献出版社 2006 年版。

《彭真传》编写组编:《彭真传》(第四卷),中央文献出版社 2012 年版。

四、党和国家领导人年谱

中共中央文献研究室编:《毛泽东年谱》(一九四九——九七六)(第一卷),中央文献出版社 2013 年版。

中共中央文献研究室编:《毛泽东年谱》(一九四九——九七六)(第二卷),中央文献出版社 2013 年版。

中共中央文献研究室编:《周恩来年谱》(一九四九——一九七六)(上),中央文献出版社 2007 年版。

中共中央文献研究室编:《邓小平年谱》(一九七五——一九九七),中央文献出版社 2004 年版。

《董必武年谱》编纂组编:《董必武年谱》,中央文献出版社 1991 年版。

《彭真传》编写组编:《彭真年谱:1902—1997》(第二卷),中央文献出版社 2012 年版。

《彭真传》编写组编:《彭真年谱:1902—1997》(第五卷),中央文献出版社 2012 年版。

五、党内法规

《中国共产党章程》

《关于新形势下党内政治生活的若干准则》

《中共中央关于加强党的政治建设的意见》

《中共中央关于加强中央人民政府系统各部门向中央请示报告制度及加强中央对于政府工作领导的决定(草案)》

《中共中央关于加强对国家立法工作领导的若干意见》

《中共中央关于加强党领导立法工作的意见》

《中国共产党党组工作条例》

《中共中央关于全面推进依法治国若干重大问题的决定》

《中共中央关于地方党委向地方国家机关推荐领导干部的若干规定》

《中央党内法规制定工作五年规划纲要(2013—2017 年)》

六、党史和文献

中共中央党史研究室:《中国共产党简史》,中共党史出版社 2010 年版。

中共中央党史研究室:《中国共产党历史(第一卷:1921—1949)》(上下册),中共党史出版社 2011 年版。

中共中央文献研究室、中央档案馆编:《建党以来重要文献选编》(第十一册),中央文献出版社 2011 年版。

中共中央文献研究室、中央档案馆编:《建党以来重要文献选编》(第十七册),中央文献出版社 2011 年版。

中共中央文献研究室、中央档案馆编:《建党以来重要文献选编》(第十九册),中央文献出版社 2011 年版。

中共中央文献研究室、中央档案馆编:《建党以来重要文献选编》(第二十三册),中央文献出版社 2011 年版。

中共中央文献研究室:《十八大以来重要文献选编》(上),中央文献出版社 2014 年版。

中共中央文献研究室、中华全国总工会编:《刘少奇论工人运动》,中央文献出版社 1988 年版。

《中国共产党第十九届中央委员会第四次全体会议文件汇编》,人民出版社 2019 年版。

《全国人大常委会 2020 年度立法工作计划》,载《全国人民代表大会常务委员会公报》2020 年第 2 号。

《中共党史文献选编》(社会主义革命和建设时期),中共中央党校出版社 1992 年版。

中国人民解放军国防大学党史党建政工教研室编:《中共党史教学参考资料》(第十九册),国防大学出版社 1986 年版。

七、学术著作

蔡定剑:《中国人大制度》,社会科学文献出版社 1992 年版。

蔡定剑:《宪法精解》(第二版),法律出版社 2006 年版。

陈俊:《政党与立法问题研究——借鉴与超越》,人民出版社 2008 年版。

丛进:《曲折发展的岁月》,人民出版社 2009 年版。

董必武法学思想研究会编:《陶希晋文集》,法律出版社 2008 年版。

《法理学》编写组:《法理学》(第二版),人民出版社、高等教育出版社2020年版。

《法理学》[最新不列颠法律袖珍读本(英汉对照)],张万洪、风值水译,武汉大学出版社2003年版。

法学教材编辑部、《中国法制史》编写组:《中国法制史》,群众出版社1982年版。

高铭暄:《中华人民共和国刑法的孕育和诞生》,法律出版社1981年版。

高铭暄、赵秉志:《中国刑法立法之演进》,法律出版社2007年版。

顾准:《顾准文集》,贵州人民出版社1994年版。

韩大元:《1954年宪法制定过程》,法律出版社2014年版。

韩延龙、常兆儒编:《中国新民主主义革命时期根据地法制文献选编》(第一卷),中国社会科学出版社1981年版。

韩延龙、常兆儒编:《中国新民主主义革命时期根据地法制文献选编》(第四卷),中国社会科学出版社1981年版。

纪坡民:《产权与法》,生活·读书·新知三联书店2001年版。

江平口述、陈夏红整理:《沉浮与枯荣:八十自述》,法律出版社2010年版。

蒋清华:《中国共产党——党的领导法规制度基础理论研究》,人民出版社2020年版。

景跃进、陈明明、肖滨主编:《当代中国政府与政治》,中国人民大学出版社2016年版。

何俊志:《从苏维埃到人民代表大会制——中国共产党关于现代代议制的构想与实践》,复旦大学出版社2011年版。

李海文、王燕玲编著:《世纪对话——忆新中国法制奠基人彭真》,群众出版社2002年版。

李渊庭、阎秉华编著:《梁漱溟先生年谱》,广西师范大学出版社2003

年版。

李路路、李汉林：《中国的单位组织》（修订版），生活·读书·新知三联书店、生活书店出版有限公司2019年版。

李玉赋主编：《新编中国工人运动史》，中国工人出版社2020年版。

刘明逵、唐玉良主编：《中国工人运动史》（1—6册），广东人民出版社1998年版。

刘政：《人民代表大会制度的历史足迹》，中国民主法制出版社2008年版。

刘政、程湘清等：《人民代表大会制度讲话》，中国民主法制出版社1995年版。

刘政、于友民、程湘清主编：《人民代表大会工作全书》，中国法制出版社1999年版。

《乔石谈民主与法制》编辑组编：《读〈乔石谈民主与法制〉》，人民出版社2012年版。

全国人大常委会办公厅、中共中央文献研究室编：《人民代表大会制度重要文献选编》（一），中国民主法制出版社、中央文献出版社2015年版。

石泰峰、张恒山：《论中国共产党依法执政》，法律出版社2012年版。

田侠：《党领导立法实证研究——以北京市人大及其常委会为例》，中国社会科学出版社2016年版。

尹田：《民法典总则之理论与立法演进》，法律出版社2010年版。

万其刚等编著：《人民代表大会制度简史》，中国民主法制出版社2015年版。

吴国光：《权力的剧场：中共党代会的制度运作》，香港中文大学出版社2018年版。

许崇德：《中华人民共和国宪法史》（上下卷），福建人民出版社2005年版。

张希坡编著:《革命根据地法律文献选辑》(第二辑·上卷),中国人民大学出版社 2017 年版。

张希坡编著:《革命根据地法律文献选辑》(第三辑),中国人民大学出版社 2018 年版。

张希坡、韩延龙主编:《中国革命法制史(1921—1949)》(下册),中国社会科学出版社 1992 年版。

张友渔:《张友渔文选》(下卷),法律出版社 1997 年版。

曾宪义主编:《中国法制史》(第三版),中国人民大学出版社 2009 年版。

周大伟:《北京往事——法律学者周大伟随笔集》,法律出版社 2013 年版。

周旺生:《立法学》,北京大学出版社 1988 年版。

中国工运研究所编写组:《中国工会简史》,中国工人出版社 2020 年版,第 56 页。

朱景文主编:《中国法律发展报告:数据库和指标体系》,中国人民大学出版社 2007 年版。

朱景文主编:《中国人民大学 中国法律发展报告 2010:中国立法 60 年——体制、机构、立法者、立法数量》,中国人民大学出版社 2011 年版。

朱景文:《法理学》(第四版),中国人民大学出版社 2015 年版。

[比]R. C. 范·卡内冈:《法官、立法者与法学教授——欧洲法律史篇》,薛张敏敏译,北京大学出版社 2006 年版。

《拿破仑法典(法国民法典)》,李浩培、吴传颐、孙鸣岗译,商务印书馆 1979 年版。

[德]费希特:《论学者的使命 人的使命》,梁志学、沈真译,商务印书馆 1984 年版。

[德]卡尔·拉伦茨:《法学方法论》,陈爱娥译,商务印书馆 2003 年版。

[古罗马]《学说汇纂》(第一卷),罗智敏译,中国政法大学出版社 2008

年版。

[美]爱德华·W.萨义德：《人文主义与民主批评》，朱生坚译，胡桑校，上海三联书店2013年版。

[美]博登海默：《博登海默法理学》，潘汉典译，法律出版社2015年版。

[美]约翰·R.康芒斯：《资本主义的法律基础》，寿勉成译，商务印书馆2011年版。

[美]黄宗智：《清代的法律、社会与文化：民法的表达与实践》，上海书店出版社2007年版。

[美]乔纳森·特纳等：《社会学理论的兴起》，侯钧生等译，天津人民出版社2006年版。

[意]布鲁诺·莱奥尼等：《自由与法律》，秋风译，吉林人民出版社2011年版。

Adam Swift, *Political Philosophy* (third edition), Cambridge: Polity Press, 2014.

Lowell Ditter & Hoaruhiro Fukui et al., *Informal Politics in Ease Asia*, Cambridge University Press,2000.

八、学术论文

艾立华、孙淑萍：《党组及其作用的历史考察》，载《大庆社会科学》1993年第10期。

陈俊：《论中国国情下党领导立法若干基本问题》，载《上海师范大学学报(哲学社会科学版)》2011年第2期。

陈俊：《"法治中国建设"背景下党领导立法的几点探讨》，载《中国社会科学院研究生院学报》2016年第4期。

陈玉山：《论我国宪法序言中的"根本法"》，载《浙江社会科学》2012年第6期。

程中原：《胡乔木对一九八二年宪法修改的六大贡献》，载《中共党史研究》2011 年第 8 期。

《戴煌:唯一一次接触促使我写胡耀邦》,载搜狐网。

褚宸舸:《全国人大常委会法工委职能之商榷》,载《中国法律评论》2017 年第 1 期。

丁以升:《加强党对立法工作的领导——“学习十六届四中全会座谈会”观点综述》,载《法学》2004 年第 12 期。

董彦斌:《也谈〈六法全书〉废除的前后》,载《中国社会科学报》2009 年 5 月 21 日。

封丽霞:《执政党与人大立法关系的定位——从“领导党”向“执政党”转变的立法学阐释》,载《法学家》2005 年第 5 期。

封丽霞:《中国共产党领导立法的历史进程与基本经验——十八大以来党领导立法的制度创新》,载《中国法律评论》2021 年第 3 期。

方芬:《试论加强和完善党对立法工作的领导》,载《人大研究》2015 年第 6 期。

冯亮、何俊志:《人大立法中政治与技术逻辑的互动——以 G 省人大常委会立法过程为例》,载《学术研究》2018 年第 8 期。

冯玉军:《中国法律规范体系与立法效果评估》,载《中国社会科学》2017 年第 12 期。

冯玉军:《完善以宪法为核心的中国特色社会主义法律体系——习近平立法思想述论》,载《法学杂志》2016 年第 5 期。

高锴:《关于党的领导:1982 年宪法的重要修正》,载《炎黄春秋》2011 年第 8 期。

高铭暄:《见证新中国第一步刑法典的诞生》,载《国家人文历史》2011 年第 7 期。

高铭暄口述、黄薇整理:《25 年曲折立法路,见证新中国第一部刑法诞生的艰辛》,载《国家人文地理》2011 年第 7 期。

郭辉:《立法中的请示制度》,载《中国社会科学报》2016 年 10 月 12 日。

郭辉:《新中国成立初期工会的性质与职能》,载《山东工会论坛》2017 年第 2 期。

郭辉:《中共如何领导修宪——以十次修宪为例进行的考察》,载《当代中国研究期刊》2019 年第 2 期。

韩丽:《中国立法过程中的非正式规则》,载《战略与管理》2001 年第 5 期。

何照新、韩骁:《寻访〈民法通则〉的起草人》,载《法律与生活》2016 年第 7 期。

侯猛:《当代中国政法体制的形成及意义》,载《法学研究》2016 年第 6 期。

胡健:《习近平总书记对党领导立法思想的丰富和发展》,载《中国人大》2017 年第 11 期。

胡健:《改革开放四十年国家立法》,载《地方立法研究》2018 年第 6 期。

胡南:《中共党组制度的历史逻辑、运作机理及实践要求》,载《华侨大学学报(哲学社会科学版)》2020 年第 3 期。

黄启昌:《建国 50 年反贪立法审视》,载《文史博览(理论版)》2005 年第 2—4 期合刊。

黄惟勤:《论我国宪法序言的法律效力》,载《法学杂志》2010 年第 2 期。

江辉:《政党在立法程序启动中的作用》,载《地方立法研究》2018 年第 3 期。

江平:《立法回忆》,载《炎黄春秋》2016 年第 7 期。

景跃进:《将政党带进来——国家与社会关系范畴的反思与重构》,载《探索与争鸣》2017 年第 8 期。

康华茹:《新民主主义革命时期中国共产党对保障人民基本权利的认识与实践》,载《中州学刊》2021 年第 5 期。

李林:《中国法理学的时代使命》,载《中国法律评论》2019 年第 3 期。

李适时:《发挥人大在立法中的主导作用》,载《中国人大》2014 年第 20 期。

梁慧星:《物权法草案的几个问题》,载《清华法学》(第六辑),清华大学出版社 2004 年版。

刘大生:《试论“党主立宪制”——关于社会主义初级阶段合适政体之探讨》,载《社会科学》1989 年第 7 期。

刘家贵:《新民主主义革命时期中国共产党人权建设成就及其启示》,载《求实》2014 年第 3 期。

刘鲁吉:《新时代党领导立法方式的新发展》,载《前沿》2020 年第 2 期。

刘山鹰:《立宪者毛泽东的人民民主专政理论》,载《华东政法大学学报》,2011 年第 1 期。

刘松山:《八二宪法的精神、作用与局限》,载《华东政法大学学报》2012 年第 6 期。

刘松山:《当代中国处理立法与改革关系的策略》,载《法学》2014 年第 1 期。

刘松山:《党的领导写入 1982 年宪法的历史回顾与新期待》,载《河南财经政法大学学报》2014 年第 3 期。

刘松山:《党领导立法工作需要研究解决的几个重要问题》,载《法学》2017 年第 5 期。

刘松山:《人大主导立法的几个重要问题》,载《政治与法律》2018 年第 2 期。

卢群星:《隐性立法者:中国立法工作者的作用及其正当性难题》,载《浙江大学学报(人文社会科学版)》2013 年第 2 期。

柯华庆:《党导立宪制及其合理性》,载《治理研究》2018 年第 3 期。

彭君:《新中国成立 70 年党领导立法的历史变迁》,载《中共中央党校

(国家行政学院)学报》2019 年第 4 期。

钱宁峰:《论宪法序言的裁判性规范》,载《金陵法律评论》2008 年第 2 期。

秦前红:《执政党领导立法的方式和途径》,载《中国法律评论》2014 年第 3 期。

秦前红:《依规治党视野下党领导立法工作的逻辑与路径》,载《中共中央党校学报》2017 年第 4 期。

邱家军:《人大代表选举中政治把关权的运行维度》,载《复旦政治学评论》(第 6 辑),上海人民出版社 2008 年版。

全国人大常委会机关党组中心组:《坚持党的领导,充分发挥根本政治制度作用》,载《求是》2015 年第 11 期。

全国人大法律委员会、全国人大常委会法律工作委员会课题组:《党的创新理论引领立法工作创新发展》,载《中国人大》2017 年第 24 期。

沈国明、徐菁菁:《知行并用、经世致用的立法践行者——沈国明教授访谈录》载《地方立法研究》2021 年第 4 期。

宋方青、姜孝贤:《立法法理学探析》,载《法律科学(西北政法大学学报)》2013 年第 6 期。

孙琦、苏亦工:《邢益民先生访谈录》,载《环球法律评论》2004 年夏季号。

田纪云:《经济改革是怎样搞起来的——为纪念改革开放三十周年而作》,载《炎黄春秋》2008 年第 1 期。

王定毅:《党内请示报告制度的建立》,载《人民日报》2015 年 12 月 8 日第 18 版。

王理万:《立法官僚化:理解中国立法过程的新视角》,载《中国法律评论》2016 年第 2 期。

魏姝:《从组织渗透到多元化策略:执政党对人大的领导与控制方法研

究》,载《江苏行政学院学报》2015 年第 4 期。

肖滨、卜熙:《一核统领下的差异化格局》,载《开放时代》2020 年第 3 期。

许安标:《关于中央和地方立法权限的划分》,载《中国法学》1996 年第 3 期。

许崇德:《共和国第一部宪法诞生记》,载《半月谈》1999 年第 9 期。

徐高峰:《中国共产党在人大设立党组的前前后后》,载《红广角》2014 年第 9 期。

殷啸虎、李莉:《宪法序言的功能与效力》,载《上海交通大学学报》(哲学社会科学版)2004 年第 6 期。林彦:《论人大执法检查权的功能整合》,载《中国法律评论》2021 年第 4 期。

余俊:《党领导立法的主体性问题》,载《法学论坛》2018 年第 1 期。

汪习根、宋丁博男:《论党领导立法的实现方式》,载《中共中央党校学报》2016 年第 2 期。

吴江:《重提如何保障宪法规定的出版自由》,载《炎黄春秋》2013 年第 2 期。

吴杰:《论宪法序言是宪法的重要组成部分》,载《法学杂志》1990 年第 2 期。

谢维雁:《论宪法序言》,载《社会科学研究》2004 年第 5 期。

邢斌文:《论中国共产党的宪法形象及其具体化》,载《研究生法学》2016 年第 1 期。

杨陈:《论宪法中的人民概念》,载《政法论坛》2013 年第 3 期。

杨炼:《党内法规视域下的党领导立法》,载《湖湘论坛》2018 年第 4 期。

杨景宇:《回顾彭真与 1982 年宪法的诞生》,载《党的文献》2015 年第 5 期。

余俊:《党领导立法的主体性问题》,载《法学论坛》2018 年第 1 期。

张希坡：《中国最早的工会法考辩》，载《法学研究》1994 年第 6 期。

张希坡：《废除伪“法统”就是废除以国民党〈六法全书〉为代表的一切反动法律——兼评对“中共中央废除国民党〈六法全书〉指示”的某些不实之词》，载《法学杂志》2005 年第 1 期。

张恒山：《中国共产党的领导与执政辨析》，载《中国社会科学》2004 年第 1 期。

张鸣起：《〈中华人民共和国民法总则〉的制定》，载《中国法学》2017 年第 2 期。

张鸣起：《民法典分编的编纂》，载《中国法学》2020 年第 3 期。

张书林：《党组的历史发展轨迹探究与梳理》，载《中共桂林市委党校学报》2006 年第 1 期。

张世明：《断裂与融合的迷思：废除“伪法统”的前因后果》，载《中华读书报》2016 年 5 月 11 日第 13 版。

张维炜：《陶希晋：新中国法制建设的时代先锋》，载《中国人大》2012 年第 1 期。

张志铭：《转型中国的法律体系建构》，载《中国法学》2009 年第 2 期。

周鹄昌：《宪法序言是有法律效力的》，载《法学》1983 年第 4 期。

钟沛璋：《政治文明与新闻立法》，载《领导文萃》2003 年第 12 期。

朱福惠、龚进之：《宪法序言的特色功能及其法律效力》，载《江苏行政学院学报》2017 年第 1 期。

朱宁宁：《努力实现以良法促进发展保证善治》，载《法制日报》2016 年 12 月 20 日第 9 版。

朱景文：《中国特色社会主义法律体系：结构、特色和趋势》，载《中国社会科学》2011 年第 3 期。

朱景文：《关于党领导立法的几点思考》，载中国法学网 2015 年 8 月 14 日。

朱力宇:《立法体制的模式问题研究》,载《中国人民大学学报》2001 年第 4 期。

Murray Scott Tanner, *The erosion of Communist Party Control over Lawmaking in China*, the China Quarterly, Vol. 138 (June 1994).

九、其他

栗战书:《在第十三届全国人民代表大会常务委员会第十九次会议上的讲话》,载《全国人民代表大会常务委员会公报》2020 年第 3 号。

《全国人大常委会 2020 年度立法工作计划》,载《全国人民代表大会常务委员会公报》2020 年第 2 号。

中国社会科学院语言研究所词典编辑室编:《现代汉语词典》(第 6 版),商务印书馆 2012 年版。

《胡耀邦在中共十二大上的报告》,载凤凰网 2012 年 11 月 4 日。

后　记

笔者在2014年前后阅读《王汉斌访谈录——亲历新时期社会主义民主法制建设》过程中开始关注中国共产党在立法形成过程中的作用与角色，并意识到这是一个很有意思的学术话题。但也明白，这条道路势必充满艰辛曲折，此后有关阶段性成果的发表历程验证了这一点。这八年的探索可以分为前后两个阶段，第一个四年可谓是对这一领域的好奇和单纯的兴趣。兴趣是最好的老师，带着这一兴趣，笔者将党和国家领导人的文集、年谱、传记、回忆录、采访等资料，在力所能及的范围内进行阅读，尤其关注其与立法之间的关系，在此过程中形成30多万字的阅读笔记。随着阅读的深入，最初的好奇开始转向，即第二个四年转向对该领域背后的学理解释，希望能通过特定的概念对这一现象进行阐释。

在上述阅读和研究过程中，逐步形成数篇较为成熟的论文，其中部分曾先后发表于《澳门法学》《中国社会科学报》《二十一世纪》《当代中国研究期刊》《山东工会论坛》等。从2016年开始，部分成果在中国立法学研究会年会上宣读，受到立法学研究会同仁的关注和指点。如今，这些成果中的一部分经过编排，内部因具有一定的逻辑联系而成为一部不算太厚的专著,也算是笔者近年来的一段学术总结。

在此,笔者感谢上述刊物编辑为部分内容的出版所付出的艰辛,也感谢立法学研究会年会上对笔者论文进行指点的同仁。除此之外,笔者尤其要感谢朱景文教授,本书中不少章节写好后首先发给朱老师,根据他的意见和建议进行修改和完善。朱老师是我硕士阶段和博士阶段的导师,他为人谦和,德高望重,我在学术成长过程中一直受到他的关怀和提携,感恩之情无以言表,唯有继续努力,做出更多学术贡献以报恩师。此外,刘松山教授、冯玉军教授、陈俊教授、张立伟教授、侯猛教授、李正斌研究员、韩旭副研究员、周望副教授、彭君副教授以及在此无法一一列出姓名的其他老师,他们对书中部分章节提出的意见和建议使我获益良多。感谢当代中国出版社的刘文科副编审、刘照编辑在本书出版过程中认真而负责的编辑工作。感谢"中国劳动关系学院学术论丛"对本书出版的资助。同时,也感谢中国劳动关系学院法学院各位领导和同仁,他们这些年为我的写作和研究提供了较为良好的科研环境。最后,感谢我的妻子张松龄、儿子郭孟泽,没有他们的支持,本书是不可能完成的。

郭 辉

2022 年 12 月 21 日